ଆହ୍ନିକ

ଆହ୍ନିକ

ଜଗନ୍ନାଥ ପ୍ରସାଦ ଦାସ

BLACK EAGLE BOOKS
2019

BLACK EAGLE BOOKS
7464 Wisdom Lane
Dublin, OH 43016
E-mail: info@blackeaglebooks.org
Website: www.blackeaglebooks.org

First International Edition published by
BLACK EAGLE BOOKS, 2019

Aanhika by **Jagannath Prasad Das**

Copyright © **Jagannath Prasad Das**

All rights reserved. No part of this publication may be reproduced, stored in a retrieval system, or transmitted, in any form or by any means, electronic, mechanical, photocopying, recording or otherwise without the prior permission of the publisher.

Cover & Interior Design: Ezy's Publication

ISBN: 978-1-64560-021-3 (Paperback)

Printed in United States of America

ସୂଚୀପତ୍ର

ସମ୍ରାଟ	୯
ମହାଭାରତ	୧୨
କ୍ରାନ୍ତି ଆସୁଛି	୧୪
ଦେବୀ ଆଗମନ	୧୭
ଭୁବନେଶ୍ୱର	୧୯
ଖାଲି ଘର	୨୨
ପାହାଚ	୨୫
ପୁରୀ	୨୭
କର୍ଫ୍ୟୁ	୩୦
ନବଗୁଂଜର	୩୨
କଟକ	୩୪
ନର୍ତ୍ତକୀ	୩୭
ମୃତ୍ୟୁବୋଧ	୩୯

କାଳୀ	୪୧
ଇତିହାସ	୪୩
ଗାନ୍ଧୀ	୪୫
ଗୀତଗୋବିନ୍ଦ	୪୭
ଭୟ	୫୦
ଆହ୍ନିକ	୫୨
ଭଗ୍ନାବଶେଷ	୫୪
ପରବର୍ତ୍ତୀ କବିତା	୫୭
ଧର୍ମଯୁଦ୍ଧ	୫୯
ନିଦ ନାହିଁ	୬୧
ମହାନଦୀ	୬୩
ହିରୋଶୀମା	୬୬
କଳାହାଣ୍ଡି	୬୮
ଗୋପବନ୍ଧୁ	୭୦
ଦୁଇ ପକ୍ଷୀ	୭୨
ହାତ ପାଖରେ	୭୪
ବାଲିଆପାଲ	୭୬

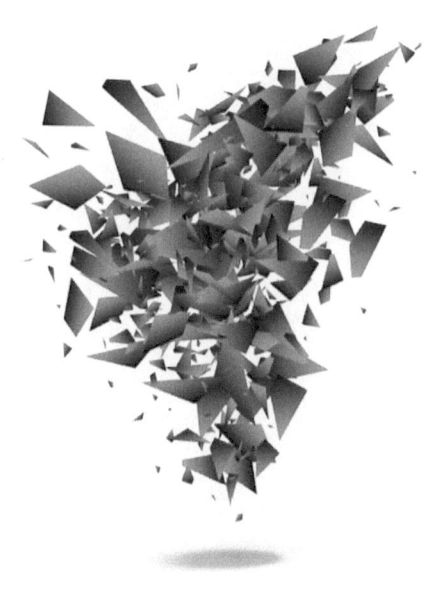

ସମ୍ରାଟ

ଶେଷଥର ପାଇଁ ତମ ରାଜପ୍ରାସାଦର
ପରିକ୍ରମା କରିନିଅ ସମ୍ରାଟ
ଇତିହାସର ଏଇ ମଧ୍ୟାନ୍ତରରେ
ରାସ୍ତା ଉପରେ ଛିଡ଼ା ହୋଇଥିବା
ଅଶାନ୍ତ ଜନତାର ସମୟ
ତମକୁ ଗ୍ରାସ କରିନେବା ପୂର୍ବରୁ

ଏଥର‍କ ମନେ ପକାଇ ନିଅ
କେବେ ତମର ଅଭିଷେକ ଥିଲା
କେତେ ସମୟର ଥିଲା ଶାସନକାଳ ତମର
କେତେ ହତ୍ୟା ଓ ଲୁଣ୍ଠନ
କେତେ ରକ୍ତପାତ ଭିତରେ
ରାଜତିଳକରୁ ଅପମୃତ୍ୟୁ
ସିଂହାସନ ଓ ରାଣୀନଅରର ବ୍ୟବଧାନରେ

କ'ଣ ଆଉ ଦେଖିବ ଏଠାରେ
ତମର ଭଣ୍ଡାର ତ ଖାଲି
ତମର ରାଜକୋଷକୁ ତମେ ନିଜେ ଲୁଟି ନେଲ

ତମର ପ୍ରମୋଦ ଉଦ୍ୟାନ
ଜଳିପୋଡ଼ି ଛାରଖାର

ସେଇ କୁମାରୀମାନଙ୍କର ଦୀର୍ଘଶ୍ୱାସରେ
ନିଜର ନପୁଂସକତାକୁ ଅପ୍ରମାଣ କରିବା ଚେଷ୍ଟାରେ
ତମେ ଯେଉଁମାନଙ୍କୁ ଅପହରଣ କରିଥିଲ
ପଂଜୁରୀ ଭିତରେ ତମ ପ୍ରିୟ ପକ୍ଷୀର ଶବ
ତମର ହାତର ସ୍ପର୍ଶରେ ଯେ ମରିଯାଇଥିଲା

ତମର ଅସ୍ତ୍ରାଗାରର ବର୍ଚ୍ଛା ସବୁକୁ ଦେଖ
ମନେ ଅଛି ଏସବୁ ଜଙ୍ଗଲର ଗଛ ଥିଲେ
ଚଟାଣରେ ଇତସ୍ତତଃ ପଡ଼ିଥିବା ପଶାକାଠି
ଏ ସବୁ ସହିଦମାନଙ୍କର ଭଙ୍ଗାହାଡ଼
ଥାକ ଉପରେ ହସୁଥିବା କରୋଟିକୁ ଦେଖ
ଏ ତମର ପ୍ରିୟ ବିଦୂଷକ ଥିଲା
ତମେ ଯାହାର ଶିରଚ୍ଛେଦର ଆଦେଶ ଦେଇଥିଲ

ଏଥରକ ଚାଲିଯାଅ ତମର
ଦରବାରରୁ ଅନ୍ତଃପୁର
ବର୍ଚ୍ଛାର ଜଂଗଲ ଅତିକ୍ରମ କରି
ସହିଦମାନଙ୍କ ରକ୍ତକୁ ଏଡ଼ାଇ
ଶିରସ୍ତ୍ରାଣ ଓ ଜୟମାଲ୍ୟର ଭସ୍ମ ଦେଇ
ପତାକା ଓ ରଣଭେରୀର ଧ୍ୱଂସାବଶେଷରେ

ରାଜଜ୍ୟୋତିଷର ଗଣନ ପ୍ରମାଦରେ
ତମର ଦିଗ୍‌ବିଜୟର ଆଶା
ଚୁରମାର ହୋଇଗଲା
ତମର ଅଶ୍ୱମେଧର ଘୋଡ଼ା
ଝୁଣ୍ଟିପଡ଼ି ମରିଗଲା
ତମ ନିଜ ସାମ୍ରାଜ୍ୟର
ବିବଦମାନ ସୀମାନ୍ତରେ

ତମେ ଅବୈଧ ଓ ଜାରଜମାନଙ୍କୁ ହତ୍ୟାକରି
ସିଂହାସନ ଆରୋହଣ କରିଥିଲ
କିନ୍ତୁ ତମର ବଂଶବୃକ୍ଷ ନିଶ୍ଚିହ୍ନ
କାରଣ ତମର ଏକମାତ୍ର ଉତ୍ତରାଧିକାରୀ
ଯେ ତମର ଦେହରକ୍ଷୀର ଔରସରୁ ଜନ୍ମ ନେଇଥିଲା
ତାକୁ ତମେ ହତ୍ୟା କରାଇଥିଲ

ତମର ଉଚ୍ଛିଷ୍ଟରେ ପରିପାଳିତ ଜୀବନୀକାର
ପକ୍ଷାଘାତଗ୍ରସ୍ତ ହୋଇଗଲା
ତମର ମନ୍ତ୍ରୀ ଓ ପାରିଷଦ ତମକୁ ଛାଡ଼ି
ନବ୍ୟ ସାମ୍ରାଜ୍ୟବାଦୀମାନଙ୍କର
ଉପନିବେଶ ସଂଧାନରେ ବାହାରିଗଲେ
ତୁମର ସୈନ୍ୟମାନେ ଆଶ୍ରୟ ନେଲେଣି
ଯୁଦ୍ଧଖୋରମାନଙ୍କର ଅସ୍ତ୍ରାଗାରରେ
ତୁମର ପାଟରାଣୀ ବର୍ତ୍ତମାନ
କୁଷ୍ଠରୋଗୀମାନଙ୍କର ବସ୍ତିରେ ଦେହଜୀବୀ

ଆଉ କି ଲାଭ ପଛକୁ ଅନାଇ ସମ୍ରାଟ
ଏଥରକ ଚାଲିଯାଅ
ତମେ ଓ ତମର ସାମ୍ରାଜ୍ୟ
ଚଳଚ୍ଚିତ୍ରରୁ ବିସ୍ମୃତ ହୋଇଯିବ ପୂର୍ବରୁ
ରାଣୀମହଲର ଚୋରାକବାଟ ଦେଇ
ଚାଲିଯାଅ ଇତିହାସର
ଅନ୍ଧଗଳି ଭିତରକୁ
ତୁମର ଜଂକଲଗା ମୁକୁଟକୁ
ଦ୍ୱାରପାଳର ଭିକ୍ଷାଥାଳ ଉପରେ ରଖିଦେଇ

ମହାଭାରତ

ଛଦ୍ମବେଶ ନେଇ ସବୁଦିନ ପାଇଁ
ଅଜ୍ଞାତବାସରେ ରହି ହୁଏ ନାହିଁ
ପୁଣି ଫେରି ଆସିବାକୁ ହୁଏ
ନିଜ ନିଜର କର୍ମଭୂମିକୁ

ନିରପେକ୍ଷ ରହିବା ସମ୍ଭବ ନୁହେଁ
କାରଣ ଯୁଦ୍ଧ ଏଠାରେ ଅନିବାର୍ଯ୍ୟ
ଏବଂ ସମସ୍ତଙ୍କୁ ଏଥିରେ
ପକ୍ଷଭୁକ୍ତ ହେବାକୁ ହିଁ ପଡ଼ିବ

ଏଠାରେ ଜୀବନର ମହାକାବ୍ୟରେ
ସବୁ କିଛି ଲିପିବଦ୍ଧ
ସାମ୍ରାଜ୍ୟ ଏବଂ କ୍ଷମତା ପାଇଁ
ନିର୍ବାଚନର କପଟ ପାଶା
ଭୂସଂସ୍କାର ଆଇନରେ ଭୂମିହୀନ ପାଇଁ
ସୂଚ୍ୟଗ୍ର ପରିମିତ ମେଦିନୀ
ହରିଜନ ବସ୍ତିର ଜଉଘର
କ୍ଷେତ ଓ କାରଖାନାର ରଣାଙ୍ଗନ
ଅଭାବ ଓ ଦାରିଦ୍ର୍ୟର ବ୍ୟୂହ

ପ୍ରତିପକ୍ଷମାନଙ୍କର ଅବ୍ୟର୍ଥ ବ୍ରହ୍ମାସ୍ତ୍ର
ଏବଂ ନିମ୍ନତମ ଲୋକମାନଙ୍କର
ବିବସ୍ତ୍ର ଅସହାୟତା

କୌଣସି ନୈତିକତା ନାହିଁ
କୂଟନୀତିର ବିଚାର ବିନିମୟରେ
ବୃଦ୍ଧମାନେ ଯାଚନା କରି ନିଅନ୍ତି
ଯୌବନର ଉତ୍ତରାଧିକାର
ମାନସମ୍ମାନ ସମର୍ପିତ ହୋଇଯାଏ
ଅନୁଚିତ ପ୍ରତିଶ୍ରୁତି ପରିପୂରଣରେ
ସଭାଗୃହରେ ବଳାତ୍କାର ହୁଏ
ସାକ୍ଷୀ ଅନ୍ଧ ପାଲଟି ଯାଏ
ସତୀତ୍ୱ ବିଭାଜିତ ହୋଇଯାଏ
ଏଠାରେ କାମାନ୍ଧତା ସର୍ବସ୍ୱୀକୃତ
ନାରୀ କେବଳ ଏକ ଗର୍ଭାଶୟ
ଶଠତା ଦୈନନ୍ଦିନ ଘଟଣା
ଏବଂ ପରାକ୍ରମ ହିଁ ଅଧିକାର

ପ୍ରାତ୍ୟହିକ ଧର୍ମକ୍ଷେତ୍ରରେ
ସାଇରେନର ଶଂଖଧ୍ୱନି
ଯୁଦ୍ଧର ଆରମ୍ଭ ସୂଚାଇ ଦିଏ
ସୂର୍ଯ୍ୟାସ୍ତ ତା'ର ପରିସମାପ୍ତି ନୁହେଁ
ପୁଣି ରଣସଜ୍ଜାର ପ୍ରସ୍ତୁତି ମାତ୍ର
ଏ ଯୁଦ୍ଧର କୌଣସି ନୀତିନିୟମ ନାହିଁ
କେବଳ ହାରିଯିବା ହିଁ ଅଧର୍ମ

କ୍ରାନ୍ତି ଆସୁଛି

ଗଣକମାନେ ଗ୍ରହ ନକ୍ଷତ୍ର ଦେଖି
ସମୟ ନିର୍ଦ୍ଧାରିତ କରିଦେଲେଣି
ଏବଂ ଗୁରୁଜନମାନଙ୍କର
ଆଶୀର୍ବାଦ ମିଳିସାରିଛି
କ୍ରାନ୍ତି ନିଶ୍ଚୟ ଆସିବ

ବିଧାନସଭାରେ
ଏ ସମ୍ପର୍କୀୟ ପ୍ରସ୍ତାବ
ସର୍ବସମ୍ମତିକ୍ରମେ ପାରିତ ହୋଇସାରିଛି
ଏବଂ ଅନୁମତି ପତ୍ର
ମିଳିସାରିଲାଣି
ସରକାରୀ କାଗଜରେ
ବିଜ୍ଞପ୍ତି ବାହାରିଛି ଦେଖ
କ୍ରାନ୍ତି ଆସୁଛି
କ୍ରାନ୍ତି ଆସୁଛି

ନ୍ୟାୟାଧୀଶମାନେ
ସେମାନଙ୍କ କଲମର ଗୋଟିଏ ଗାରରେ
ଦାରିଦ୍ର୍ୟକୁ ନିର୍ବାସିତ କରିଦେଲେ
ଅର୍ଡ଼ିନାନ୍‌ସ ବଳରେ ଏଥରକ
ଦେଶର ଉତ୍ପାଦନକୁ

ତିନିଗୁଣ ବଢ଼ାଇ ଦିଆଯିବ
ନଈ ନାଳମାନଙ୍କରେ
ଦୁଧ ଓ ମହୁର ବନ୍ୟା ଆସିବ
ଅନ୍ତୋଦୟର ସଂଜ୍ଞା ବଦଳାଇ
ସବୁ ଲୋକ ସମାନ ହୋଇଯିବେ
କ୍ରାନ୍ତି ଆସିବ ହିଁ ଆସିବ
କ୍ରାନ୍ତି ଆସିବ ହିଁ ଆସିବ

ଏଥର ଆଉ ବିଳମ୍ବ ନାହିଁ
କ୍ରାନ୍ତି ଆସୁଛି ଦେଖ
କି ଅଦ୍ଭୁତ ଆଡ଼ମ୍ବର
ଓ ଜାକଜମକରେ
ଭିଖାରୀମାନଙ୍କର ପଟୁଆରକୁ ଟପି
ଜାଲ ଭୋଟ କାଗଜର ଥାକ ଉପରେ
ନିର୍ବାଚନ ବିଜୟର ଜଳନ୍ତା ଜୁଲୁସରେ
କ୍ରାନ୍ତି ଆସୁଛି
ହରିଜନ ବସ୍ତିରେ ନିଆଁ ଲଗାଇ
ଶୋଭାଯାତ୍ରାର ଫାଙ୍କା ସ୍ଲୋଗାନରେ
କ୍ରାନ୍ତି ଆସୁଛି ବୁଦ୍ଧିଜୀବୀ ସମ୍ମିଳନୀର
ବହୁମତ ପ୍ରସ୍ତାବରେ
କ୍ରାନ୍ତି ଆସୁଛି
କଳା ପଇସାର ଠନ୍‌ଠନ୍‌ରେ
ପଦ୍ମଭୁକ ସ୍ୱପ୍ନ ଓ ରୁମାନୀ ନିଶାରେ
କ୍ରାନ୍ତି ଆସୁଛି
ଦଲାଲମାନଙ୍କର ନିଲାମ ଡାକରେ
କ୍ରାନ୍ତି ଆସୁଛି
ଭଡ଼ାଟିଆ ଖବରକାଗଜର
କ୍ରାନ୍ତି ଆସୁଛି

ଭଡ଼ାଟିଆ ଖବରକାଗଜର
ହଳଦିଆ ହେଡ୍‌ଲାଇନ୍‌ରେ

କ୍ରାନ୍ତି ପାଇଁ ରାସ୍ତାଘାଟରେ
ତୋରଣ ଓ ସାଜସଜ୍ଜା
ଶଂଖ ଓ ପୂଜାଥାଳି ନେଇ
ପୁରନାରୀମାନେ ଅପେକ୍ଷାରେ
ସ୍ୱପ୍ନାଦେଶ ଅନୁଯାୟୀ
କାର୍ଲ ମାର୍କ୍ସଙ୍କ ପାଇଁ
ନୂଆ ମନ୍ଦିର ତିଆରି ସରିଛି
ଓ ପୁରୋହିତ ନିଯୁକ୍ତ ହେଲେଣି
ଏଥରକ ଫୁଲଚନ୍ଦନ ଓ
କର୍ପୂରମାଳ ନେଇ ତିଆରି ରହ
କେହି ରୋକି ପାରିବେ ନାହିଁ କ୍ରାନ୍ତିକୁ
କ୍ରାନ୍ତି ଆସୁଛି
କ୍ରାନ୍ତି ଆସୁଛି

ଦେବୀ ଆଗମନ

ଏଥରକ ସେ ଯେତେବେଳେ ଆସିଲେ
କୌଣସି ତିଥି ନକ୍ଷତ୍ରର ହିସାବ ନ ଥିଲା
ନ ଥିଲା କୌଣସି ଶୁଭ ମୁହୂର୍ତ୍ତର ଗଣନା

ସାଜସଜ୍ଜାକୁ ଅପେକ୍ଷା ନ କରି
ପତ୍ର ଫୁଲ ପୂଜାମଣ୍ଡପ ଓ ମେଢ଼
ଜରି କାଗଜ ଓ ନିଅନ ଆଲୁଅ ବିନା
ଘଣ୍ଟଧ୍ୱନିକୁ ବେଖାତିର କରି
ସେ ଆସିଲେ ବିନା ପ୍ରସ୍ତୁତିରେ

ଚଣ୍ଡ ମୁଣ୍ଡ ଶୁମ୍ଭ ଓ ନିଶୁମ୍ଭ ନିଶ୍ଚିହ୍ନ
ଚଣ୍ଡୀ ଓ ଚାମୁଣ୍ଡାଙ୍କୁ ନେଇ
ରକ୍ତବୀର୍ଯ୍ୟକୁ ଆୟତ୍ତ କରିବା ପରେ
ଘୂର୍ଣ୍ଣିବାତ୍ୟା ବାଟ ଦେଖାଇ ଦେଲା
ଅଭ୍ରାନ୍ତ ପ୍ରଳୟ ଆଡ଼କୁ
ସିଂହ ଛୁଟିଗଲା ନିର୍ବିରୋଧ
ଦୁଇଶହ କିଲୋମିଟର ବେଗରେ

ମହାକାଳର କଳା ମେଘ ଭିତରୁ
ସେ ଓହ୍ଲାଇଲେ ପ୍ରିୟ ଭୂପୃଷ୍ଠକୁ
ହାତରେ ଖଡ୍‌ଗ ଓ ଖର୍ପର

ମୁଣ୍ଡମାଳ ମାଂସଖଣ୍ଡ ରକ୍ତପାତ୍ର
ଲୋକଜିହ୍ୱା ତ୍ରିଶୂଳ ଓ ନାଗ
ବଜ୍ର ମୂଷଳ ଅଙ୍କୁଶ ଓ ଫାଶ
ଆଖିରେ ସଂହାର ନିଃଶ୍ୱାସରେ ଧ୍ୱଂସ
ବିନାଶର ଏକମାତ୍ର ଇଚ୍ଛା ନେଇ

ଭୂଗୋଳ ଛିନ୍ନଛତ୍ର ହୋଇଗଲା
ଖିନଭିନ ହୋଇଗଲା ମାନଚିତ୍ର
ଜଳସ୍ଥଳ ଏକାକାର
ନୂଆ ନୂଆ ନଦୀ ନାଳ ଉପତ୍ୟକା
ଭୂଭାଗ ଓ ବାଲିଚର
ସ୍ଥିତି ସତ୍ତା ସବୁ ହଜିଗଲା
ଘୂର୍ଣ୍ଣାବର୍ତ୍ତର ଅନ୍ଧ ଆଖି ଭିତରେ

ସେ ନିଜକୁ ସଂସ୍ଥାପିତ କରିନେଲେ
ଦିଗନ୍ତ ପ୍ରସାରୀ ଜଳରାଶି ଭିତରେ
ହାହାକାରର ସ୍ତବ
ଦୀର୍ଘ ନିଃଶ୍ୱାସର ଆଳତି ଘଣ୍ଟା
ଓ ଆର୍ତ୍ତନାଦର ଅଘୋର ମନ୍ତ୍ରରେ

ଭୁବନେଶ୍ୱର

କୌଣସି ଆବେଗ ନ ଥାଏ
କୌଣସି ଉଦ୍‌ବେଗ ନ ଥାଏ
ଇତିହାସ ପଛରୁ ସୂର୍ଯ୍ୟ ଉଠେ
ସମ୍ପୂର୍ଣ୍ଣ ଉତ୍ତେଜନା ବିହୀନ
ଉଡ଼ାଜାହାଜ ପଡ଼ିଆ ପଛ ପାଖେ
ବିଲୁଆ ଭୁକୁଥାଏ
ରାଜଧାନୀର ସକାଳ ହୁଏ
ସାଇକେଲ ଘଣ୍ଟି
ଓ ମାଛ ଦୋକାନର ଭିଡ଼ରେ
ଅଫିସ ଫାଟକ ସବୁ ଖୋଲିଯାଏ
ମନ୍ଦିରର ଘଣ୍ଟ ଓ ଆଳତି ଧ୍ୱନିରେ

କଂକ୍ରିଟର ରାଜପଥ ଅଲଗା କରିଦିଏ
ନୂଆ ଓ ପୁରୁଣାର ସଂପର୍କ
ଟେଲିଫୋନର ତାର କାଟିଦିଏ
ଯକ୍ଷ ଓ ଶାଳଭଂଜିକାର କଥୋପକଥନ
ନିଅନ ଆଲୁଅ ଲିଭାଇ ଦିଏ
ପଥରର ଅନ୍ଧକାରାଚ୍ଛନ୍ନ ଆଶ୍ଚର୍ଯ୍ୟକୁ
ଖବରକାଗଜର ହେଡ୍‌ଲାଇନ
ଅର୍ଥହୀନ କରିଦିଏ
କିମ୍ବଦନ୍ତୀର କରୁଣତମ ରହସ୍ୟକୁ

ପହିଲା ତାରିଖର ପର୍ବ ସବୁ
ଅତି ଶୀଘ୍ର ଉଦ୍‌ଯାପିତ ହୋଇଯାନ୍ତି
ରାଜାମାନମାନଙ୍କର ବଂଶାବଳୀ ସହିତ
ଯୋଡ଼ିଯାଏ ମନ୍ତ୍ରୀମଣ୍ଡଳର ବିବରଣୀ
କଳିଙ୍ଗ ଯୁଦ୍ଧର ସମତଳ କ୍ଷେତ୍ର ଉପରକୁ
ଓହ୍ଲାଇ ଆସନ୍ତି
ଦଳ ବଦଳର ସୈନିକମାନେ
ନିର୍ଣ୍ଣୟର ଅଜଣା ଦିନମାନଙ୍କରେ
ଯୋଦ୍ଧାମାନେ ଯାଇ ଆଶ୍ରୟ ନିଅନ୍ତି
ମ୍ୟୁଜିୟମର ଅଳିଆଗଦା ଭିତରେ

ସିନେମା ପୋଷ୍ଟର ତଳେ
ଗାଈ ଶୋଇ ରହି ପାକୁଳି କରେ
ପାନ ଦୋକାନ ଆଗରେ
ଦେଶର ଭବିଷ୍ୟତମାନେ ଠିଆ ହୋଇ
ଶିକ୍ଷାଞ୍ଚଳ ଆଡ଼କୁ ଅନାଇଥାନ୍ତି
ଅଶୋକ ଓ ଖାରବେଳ
ଆଉ ମନେ ପଡ଼ନ୍ତି ନାହିଁ
ଏମ୍ପ୍ଲୟମେଣ୍ଟ ଏକ୍ସଚେଞ୍ଜର ଭିଡ଼ ଟପି
ଗାଡ଼ି ଯାଇ ଅଟକେ
ହୋଟେଲର ମୁଖଶାଳାରେ
ରିକ୍ସାର ଚକ ମାପିନିଏ
ସାମାଜିକ ଚେତନାର ଆରୋହ ଅବରୋହକୁ
ଭିଖାରୀମାନେ ବାହାରି ଆସନ୍ତି
ଐତିହାସିକ ଗୁମ୍ଫାମାନଙ୍କ ଭିତରୁ
ପ୍ରତ୍ନତାତ୍ତ୍ୱିକ ଧ୍ୱଂସସ୍ତୂପ ଉପରେ
ବ୍ୟାଙ୍କର ନକ୍‌ସା ତିଆରି ହୁଏ
ବିଦେଶୀ ପର୍ଯ୍ୟଟକର କ୍ୟାମେରାରେ

ବନ୍ଦ ହୋଇ ରହିଯାଏ
ଅଶୋକାଷ୍ଟମୀ ଓ ଶିବରାତ୍ରିର ତାତ୍ପର୍ଯ୍ୟ

ଫାଇଲ ଉପରେ ଧୂଳି ଜମୁଥାଏ
ମନ୍ଦିରର ଚୂଡ଼ା ସବୁ
ବିନା କାରଣରେ ଉପରକୁ ଅନାଇଥାନ୍ତି
ଉପର ବେଳାର ଉଡ଼ାଜାହାଜ ଉଡ଼ିଯାଏ
କାନ୍ଥରେ ଲେଖା ସ୍ଲୋଗାନରେ
ବିପ୍ଳବ ହେଉଥାଏ
ମୁହଁ ପୋତି ଚାଲିଯାନ୍ତି ଚୁପ୍‌ଚାପ୍
ଅଫିସରୁ ଫେରୁଥିବା ଲୋକମାନେ

ଖାଲି ଘର

ମୁଁ ପୁରି ଫେରିଆସିଲି ମୋର
ଆତ୍ମଶାସ୍ତିର ପରୀକ୍ଷାଶାଳାକୁ
ମୋର ସମସ୍ତ ଆଚରଣର
ଏକାନ୍ତରେ ବିଶ୍ଳେଷଣ କରିବା ପାଇଁ
ମୁଁ ଏଭଳି ନିର୍ଜନତା ଚାହୁଁଥିଲି
କେହି କୁଆଡ଼େ ନ ଥିବେ
ସବୁ କିଛି ଗୁମସୁମ
ଦୁଇଜଣଙ୍କର ନୀରବ ରହିଥିବାରେ
ଥଣ୍ଡା ହୋଇ ଯାଇଥିବା ଚା କପ୍ ଭଳି

କିନ୍ତୁ ଏକାନ୍ତ କେଉଁଠାରେ ନ ଥାଏ
ଅଭିଶପ୍ତ ନାବିକ ପାଇଁ
ସମୁଦ୍ର ଯାତ୍ରାର ଶେଷ ନାହିଁ
ଗୋଟିଏ କୋଠରିରୁ
ଅନ୍ୟ ଏକ କୋଠରିକୁ
କେଉଁଠାରେ ଆଶ୍ରୟର ଦ୍ୱୀପ ନାହିଁ
କିନ୍ତୁ ଆକାଶ ଯଦିଓ ଅନ୍ଧାର
ଏବଂ ତାରାମାନେ ଅସ୍ତମିତ
ଅନେକ ସମ୍ଭାବନାର ଉଷ୍ମତା ଥାଏ
ପରିତ୍ୟକ୍ତ ବିଛଣା ଉପରେ

ଛୁଇଁବା ବେଳେ ହିଁ
ସମସ୍ତେ ଅଦୃଶ୍ୟ ହୋଇଯାନ୍ତି
ଦିଗ୍‌ବଳୟରେ ଲୁପ୍ତ ହୁଏ ଉପନଗର
ଆଖି ଆଗରୁ ଅପସରିଯାନ୍ତି
ଦୂରରେ ନିଶ୍ଚିହ୍ନ ଆଲୋକମାଳା ଭଳି
ବିନ୍ଦୁରେ ନିହିତ ସମାନ୍ତରାଳ ରେଖା
କିନ୍ତୁ ଦୂରକୁ ଚାଲିଯିବା ବେଳେ
ଦୃଶ୍ୟ ସବୁ ପଛକୁ ଡାକି
ପୁଣି ବ୍ୟସ୍ତ କରନ୍ତି ଦେଖୁଥିବା ଆଖିକୁ
ଛଟପଟ ହେଉଥିବା ସମାଧାନ
ଅଂଗୁଳି ଦେଖାଏ ପ୍ରଶ୍ନ ଆଡ଼କୁ

ଏଠରେ କୌଣସି ଶୂନ୍ୟସ୍ଥାନ ନାହିଁ
କିଛି ନୁହେଁ ସମ୍ଭାବନାରହିତ
କୋଠରି ଭିତରେ ମରୁଭୂମି
ଛାତରେ ବୁଣିଯାଉଛି ବୁଢ଼ିଆଣୀ ଜାଲ
ଅପନ୍ତରା ପାଲଟି ଯାଉଛି
ଝରକା ବାହାରର ଘାସପଡ଼ିଆ
ଘର ଭାଙ୍ଗି ପଡୁଛି ଧ୍ୱଂସସ୍ତୂପ ହୋଇ
ଖାଲି ଚଉକି ଉପରେ ଆଉଜି ପଡୁଛି
ମୋ ଦେହର ଅସ୍ଥି ଓ କଙ୍କାଳ
ଅଭାବ ଭର୍ତ୍ତି କରି ଯାଉଛି
ଝରକା ବାହାରର ଘାସପଡ଼ିଆ
ଘର ଭାଙ୍ଗି ପଡୁଛି ଧ୍ୱଂସସ୍ତୂପ ହୋଇ
ଖାଲି ଚଉକି ଉପରେ ଆଉଜି ପଡୁଛି
ମୋ ଦେହର ଅସ୍ଥି ଓ କଙ୍କାଳ
ଅଭାବ ଭର୍ତ୍ତି କରି ଯାଉଛି
ଇଚ୍ଛାର ନିଭୃତତମ ଅନ୍ତରାଳ

ଏଠାରେ ଘରଭର୍ତ୍ତି
ତମର ଫେରିବାର ଆଶ୍ୱାସନା
କାନ୍ଥରେ ସଜା ହୋଇ ରହିଛି
ତମର ପ୍ରତିଶ୍ରୁତିର ଭଙ୍ଗୁରତା
ମୋର ଇଚ୍ଛା ଶକ୍ତିରେ ସମ୍ବଳିତ
ତମକୁ ଫେରାଇ ଆଣିବାର ଅସାମର୍ଥ୍ୟ

ଶୂନ୍ୟତା ଏଠାରେ ସ୍ୱୟଂସମ୍ପୂର୍ଣ୍ଣ
ଏବଂ ମୋର ନିଃସଙ୍ଗତାକୁ
କୋଳାହଳମୟ କରି ରଖୁଛି
ମୋର ବାରମ୍ବାର ଫେରିଆସିବାର
ଅର୍ଥହୀନ ବାଧ୍ୟବାଧକତା

ପାହାଚ

ଏଇ ସାମାନ୍ୟ ଦୂରତ୍ୱ ମଝିରେ
କୌଣସି ଯାତ୍ରାର ଶୁଭାରମ୍ଭ
ଅଥବା ପହଞ୍ଚିବା ନାହିଁ
କେବଳ ଲକ୍ଷ୍ମସ୍ଥଳର କିମ୍ବଦନ୍ତୀମାନଙ୍କରେ
କ୍ଷୟ ପାଇଯାଉଥିବା ପଥରର ଚଟାଣ
ଏବଂ ଗୋଟିଏ ପରେ ଗୋଟିଏ ପାଦ
ଯାହା ସୂଚାଇ ଦେଇଯାଏ
ଗମନରୁ ଆଗମନ
ପ୍ରସ୍ଥାନରୁ ମହାପ୍ରସ୍ଥାନକୁ
ଜଠରରୁ ସ୍ୱର୍ଗଦ୍ୱାର ଏବଂ
ପାଦପୀଠର ଉଚ୍ଛୃଙ୍ଖଳତାରୁ
ଶୀର୍ଷବିନ୍ଦୁର ସଂଯମକୁ

ଆବିଷ୍କାରକର ଦୀର୍ଘନିଶ୍ୱାସରେ
ହଳଦିଆ ପଡ଼ିଯାଏ
ମାନଚିତ୍ରର ଆସ୍ତିକତା
ଅବିଶ୍ୱାସର ଗୋଲକଧନ୍ଦାରେ ହଜିଯାଏ
କୃତନିଶ୍ଚୟ ତୀର୍ଥଯାତ୍ରୀ
ଅନୁଶୋଚନା ମ୍ଲାନ କରିଦିଏ
ପହଞ୍ଚିବାର ଉତ୍ସାହକୁ
ଏ ବା କେଉଁପରି ସ୍ୱର୍ଗ
ଯେଉଁଠାରେ କୌଣସି ପରିବର୍ତ୍ତନ ନାହିଁ

ଋତୁ ସବୁବେଳେ ବସନ୍ତ
ଏବଂ ଗଛର ଭାରାକ୍ରାନ୍ତ ଡାଳରୁ
ଫଳଟି ତଳେ ପଡ଼ିଯାଏ ନାହିଁ

ପାହାଚକୁ ଗଣି କିଛି ଲାଭ ନାହିଁ
ସେ ବାଇଶ ହେଉ ବା ବତିଶ
ସେ ସ୍ୱର୍ଗକୁ ହେଉ ବା ନାଗଲୋକକୁ
ଚଟାଣର ଶେଷ ପଥରଟି
ଚାଲିଥିବା ହେଉ ଅଥବା ପହଞ୍ଚିବା
ଅନ୍ଧାର ଘର ଅଥବା ଖୋଲା ଛାତ
ରାସ୍ତା ଚାଲିଯାଇଥାଉ
ଅନ୍ଧକୂପ ଅଥବା ଧ୍ରୁବତାରାକୁ
ଜୀବନର ସ୍ଥବିରତାକୁ
ଅଥବା କୁମାରୀ ମୃତ୍ୟୁକୁ

ଉପରୁ ତଳ ତଳୁ ଉପର
ଯାତ୍ରାର କ୍ଷୟବୃଦ୍ଧି ହେଉଥାଏ
ସୂର୍ଯ୍ୟମାନଙ୍କୁ ଅନାଇ ରାତି ବିତେ
ପାଦ ଆଗକୁ ବଢୁଥାଏ
ଯିବା ଆସିବାରେ କଟିଯାଏ ନାହିଁ
ବହୁବିଧ ଯାତ୍ରାର ପୁନରାବୃତ୍ତି
ଏ ପାଖ ସେ ପାଖ ଅନେକ ପାଦଚିହ୍ନ
ସବୁ ଦେଖିନିଏ ପାହାଚ
ଯାହା ସମାନ ନୁହେଁ
ସମତଳ ନୁହେଁ
ଯାହା ତଳ ଓ ଉପର
ଦୁଇ ପାଖରେ ନ ପହଞ୍ଚିବାର ଅତଳ
ପ୍ରସ୍ତରୀଭୂତ ଆକାଂକ୍ଷା
ଏବଂ ଅପ୍ରାପ୍ତିର ଅନ୍ତହୀନ ବିସ୍ତାର

ପୁରୀ

ଏଠାରେ ସବୁ କିଛି
କିମ୍ବଦନ୍ତୀର ଆଶ୍ରିତ
ବାଲିତଳେ ପୋତା ରହିଥାଏ
ତ୍ରେତା ଓ ଦ୍ୱାପର
ମାଦଳା ପାଞ୍ଜିର ପୃଷ୍ଠା
ଜରାଜୀର୍ଣ୍ଣ ହେଉଥାଏ
ଇତିବୃତ୍ତର ଚରିତ୍ରମାନେ
କଳା ଧଳା ଘୋଡ଼ା ଚଢ଼ି ବାହାରିଯାନ୍ତି
ଲୋକଶ୍ରୁତି ଆଡ଼କୁ

ପାହାଚ ସବୁ ପରକାଳକୁ
ଚିନ୍ତାର ଶ୍ୱାସରୁଦ୍ଧ ହୋଇଯାଏ
ଗଳିର ସଂକୀର୍ଣ୍ଣତାରେ
କାନ୍ଥ ଚିତ୍ରରେ ବସନ୍ତ ଚମକୁଥାଏ
ଖରାରେ ତରଳିଯାଏ
ଭଜନର ଭଗ୍ନାବଶେଷ
ଜଳନ୍ତା ବାଲିରେ ଚକ ଚକ କରୁଥାଏ
ଭିଖାରୀର ଅଚଳନ୍ତି ପଇସା
ରଥଚକରେ ଖିନ୍‌ଭିନ୍ ହୋଇଯାଏ
ଲୋକାରଣ୍ୟର ନିର୍ଜନତା

ସବୁ ଏକାକାର ହୋଇଯାଏ
ଦ୍ରଷ୍ଟା ଦୃଶ୍ୟ ଓ ଦର୍ଶନ
ସଂସ୍କାରର ଅଦୃଶ୍ୟ ହାତ
ନିଷ୍ଠାର କଳା କନା ବାନ୍ଧିଦିଏ
ଔଚିତ୍ୟ ଓ ତାର୍କିକତା ଆଖିରେ
ମୂର୍ତ୍ତିମାନଙ୍କ ଉପରେ
ଧୂଳି ହୋଇ ଜମୁଥାଏ
ଜଣାଣର ଜାଗରୁକ ସ୍ୱର
ଅନ୍ଧ ଆସି ହାତଯୋଡ଼ି ଠିଆ ହୁଏ
ଅରୁଣ ସ୍ତମ୍ଭ ଛାଇରେ

ଚେମେଣି ଉଡୁଥାଏ
ଭୋଗମଣ୍ଡପ ଛାତରେ
ଭକ୍ତ ବାଟ ଭୁଲି ଚାଲିଯାଏ
ଭିତର ବେଢ଼ାକୁ
ବିଗ୍ରହମାନେ ଅନାନ୍ତି ଅନ୍ଧାର ଭିତରୁ
ଆଉ ଗୋଟିଏ ଯୁଗ କଟିଯାଏ
ସକାଳଧୂପରୁ ବଡ଼ସିଂହାରରେ
ଇହର ସମୟ ବ୍ୟତୀତ ହେଉଥାଏ
ପୂର୍ବ ଓ ପରଜନ୍ମର ଚିନ୍ତାରେ
ରୂପ ଓ ଅରୂପର ଦ୍ୱନ୍ଦ୍ୱର
ଆପୋଷ ନିଷ୍ପତ୍ତି ହୋଇଯାଏ
ମୁକ୍ତି ମଣ୍ଡପର ଅନ୍ଧାର ମଞ୍ଚରେ
ଏଠାରେ ଏକ ନିଜସ୍ୱ ପୂର୍ଣ୍ଣତା
କବନ୍ଧର ପ୍ରସ୍ତରୀଭୂତ ଲାସ୍ୟ
ଏବଂ ଦୁଇଟି ବର୍ତ୍ତୁଳ ଆଖିର
ସ୍ୱୟଂସମ୍ପୂର୍ଣ୍ଣ ଶରୀରରେ

ବଡ଼ଦାଣ୍ଡ ଉପରୁ ଛାଇ ଘୁଞ୍ଚିଯାଏ
ସ୍ୱର୍ଗଦ୍ୱାର ଆଡ଼କୁ
ଅନ୍ଧାର ଆସି ଓହ୍ଲାଏ
ଝାଉଁଗଛର ଗହଳ ଆର୍ତ୍ତନାଦରେ
ଦାରୁ ଭାସୁଥାଏ ପ୍ରଳୟର ପୟୋଧିରେ
ଲହରୀର ମୃଦ ଆଘାତ ଦେଇ
ସମୁଦ୍ର ଶୁଣାଇଯାଏ
ସନ୍ଧ୍ୟାବେଳର ଅବିଚଳିତ ବେଳାଭୂମିକୁ
ଅନ୍ତିମ ସତ୍ୟର ସିଦ୍ଧାନ୍ତ ସବୁ

କର୍ଫ୍ୟୁ

ଘର ସବୁ ଦୁଇ ଧାଡ଼ି ସଜା ହୋଇଥାନ୍ତି
କବରଖାନାର ସମାଧି ପଥର ଭଳି
ବତୀଖୁଣ୍ଟମାନେ ସାବଧାନ ରହନ୍ତି
ଯେପରିକି ସଂଗୀନ ହାତରେ ସୈନିକ
ନିଷେଧ ଆଦେଶ ଶୁଣାଇ ଯାଏ ସାଇରେନ
ବୁଟ ଜୋତା ମାଡ଼ି ଚାଲିଯାଏ
ଶୂନଶାନ ସହରର ଛାତି ଉପରେ

ଝରକା କବାଟ ସବୁ ବନ୍ଦ
ଓ ପବନରେ ଅସମ୍ଭବ ଗୁମସୁମ
ରଙ୍ଗ ମଉଳି ଯାଏ ଆକାଶର ସୀମାନ୍ତରେ
ଭୟର ସନସନୀ ମଧ୍ୟାହ୍ନରେ
ଖରାବେଳକୁ ଆଚ୍ଛନ୍ନ କରି ରଖେ
ଆତଙ୍କର ଚୁପ୍‌ଚୁପ୍ ଆବାଜ

ଘଟଣାବିହୀନ ଦିନ ବଢୁଥାଏ
ଖବରକାଗଜର ଖାଲି ପୃଷ୍ଠାରେ
ସଡ଼କ ଉପରେ ରକ୍ତ ଶୁଖିଯାଏ
ବାରୁଦ ଗନ୍ଧ ଲିଭିଯାଏ ପବନରୁ
ଚିଲ ଚକ୍କର ଦେଉଥାଏ
ଆକାଶର ନିରାପଦ ଦୂରତ୍ୱରେ ଥାଇ

ଗଳି ରାସ୍ତାର ମଶାଣି ଭୂଇଁରେ
ଆବର୍ଜନାର ପାଉଁଶ ଓ ଅସ୍ଥି କଂକାଳ
ବୁଲା କୁକୁରମାନଙ୍କର ଦଳ ଆସି
ଅଧିକାର କରିନିଅନ୍ତି ସହରକୁ

ସହରର ମୃତ ଉପତ୍ୟକ ଉପରେ।
ସୂର୍ଯ୍ୟ ଓହ୍ଲାଇଯାଇ ରକ୍ତାକ୍ତ ପାଦ ପକାଇ।
ରୁଦ୍ଧ ଚିତ୍କାର ପ୍ରତିଧ୍ୱନି ହୋଇ
ଫେରିଯାଏ ନିୟନ୍ତ୍ରଣର କୋଠରିକୁ
ଦୀର୍ଘଶ୍ୱାସର ବିବଶ ପ୍ରତିବାଦ
ଆକାଶରେ ଛିଟିକି ପଡ଼େ
ବିନ୍ଦୁ ବିନ୍ଦୁ ତାରାର ନିଷ୍ଫଳତା ହୋଇ
ଜହ୍ନ ଆଲୁଅର ପ୍ରତିବାଦକୁ ପୋଛିଦେଇ
ଟ୍ୟାଙ୍କ ଚାଲିଯାଏ ରାଜପଥ ଉପରେ

ନବଗୁଂଜର

ଯେ ସମସ୍ତ ରୂପର ଊର୍ଦ୍ଧ୍ୱରେ
ତା ଦେହରେ ଚିତ୍ରକାର ଆଣି ଖଞ୍ଜିଦିଏ
କାହାର ମୁହଁ କାହାର ଦେହ
ଏବଂ କେଉଁ ଅଶରୀରୀ ରହସ୍ୟମାନ
ତୂଳିରୁ ବାହାରି ତଳେ ଆସି ଠିଆହୁଏ
କାହାର ଭାବନାତୀତ ଭ୍ରମ
ଆରଣ୍ୟକ ଆଲେଖ୍ୟ ହୋଇ

ପରୀକ୍ଷାର ଶେଷ ନାହିଁ
ଧ୍ୟାନରୁ ବାହାରି ଚିହ୍ନିବାକୁ ହୁଏ
କପଟ ବେଶର ଅନ୍ତରାଳରୁ
ଆଗନ୍ତୁକର ଯଥାର୍ଥ ବାସ୍ତବିକତା
କ୍ରମାଗତ ପରୀକ୍ଷାରେ ସଫଳତାରେ
ପରିହାର କରିବାକୁ ହୁଏ
ଅନ୍ୟ ଏକ ଅଜ୍ଞାତବାସର ଶାସ୍ତିକୁ
ସବ୍ୟସାଚୀ ଚାହିଁ ରହିଥାଏ
ପ୍ରାୟଶ୍ଚିତ୍ତ ସଂଯତ ସାଧନାରେ
ଶାପମୁକ୍ତିର ଶେଷ ପର୍ଯ୍ୟାୟକୁ
ନିର୍ବାସନର ଦିନମାନଙ୍କରେ
ଛଦ୍ମବେଶ ଅନାବିଷ୍କୃତ ରହିଥାଏ
କିନ୍ତୁ ସାଧକ ବର୍ତ୍ତମାନ ଅନାୟାସ ଚିହ୍ନିନିଏ

ଜାନ୍ତବ ବହିରାବରଣ ତଳୁ
ବିରାଟ ରୂପର ଘଟାନ୍ତର
ସ୍ୱୀକାର କରିନିଏ
କିମ୍ଭୂତକିମାକାର କାୟାକଳ୍ପ
ଧନୁଶର ଖୋଲି ତଳେ ରଖିଦିଏ
ନତମସ୍ତକ ଅଭ୍ୟର୍ଥନା କରିନିଏ
ବହୁରୂପୀର ଦୈବୀ ବୈଚିତ୍ର୍ୟକୁ

ପରିଚୟର ଉପଲବ୍ଧିରେ
ଭାଙ୍ଗିଯାଏ ସାମୂହିକ ରୂପର ରହସ୍ୟ
ଅଙ୍ଗପ୍ରତ୍ୟଙ୍ଗ ଅସ୍ତବ୍ୟସ୍ତ ହେଉଥାନ୍ତି
ହିଂସ୍ରତାର ନିଷ୍ଫଳ ଆକ୍ରୋଶରେ
ଗୋଟିଏ ମାତ୍ର ଉଦ୍ୟତ ହାତ
ପଶୁତ୍ୱକୁ ବିବଶ କରିଦିଏ
ସବୁ କିଛି ଶାନ୍ତ ଓ ସମନ୍ୱିତ ହୋଇଯାଏ
ପଦ୍ମଫୁଲର କୋମଳ କରୁଣାରେ

କଟକ

ସବୁ ମନେପଡ଼େ ଏଠାକୁ ଆସିଲେ
ସବୁ କିଛି ମନେପଡ଼େ
ନୋଟ ଖାତାରେ ପ୍ରେମ କବିତା
ଲେଖୁଥିବାର ଅଳସ ଦିନମାନ
ପକେଟ ଭର୍ତ୍ତି ବସନ୍ତ ପବନ
ଓ ଆକାଶକୁ ଚାହିଁ ହଜିଯିବାର ବେଳ
ଡାହାଣୀ ଖରାକୁ ହାତ ମୁଠାରେ ନେଇ

ସମସ୍ତେ ମନେ ପଡ଼ନ୍ତି ଚିହ୍ନା ଚିହ୍ନା
ଅନେକ ଦିନ ତଳର ମୁହଁ ସବୁ
ଯେଉଁମାନେ ଅଟକିଗଲେ
ଚିତ୍ରିତ ଦିନମାନଙ୍କର ସମ୍ମୋହନରେ
ନଈକୂଳର ବେଞ୍ଚ ଉପରେ ବସି
ଇନ୍ଦ୍ରଧନୁକୁ ଦେଖୁ ଦେଖୁ
ଯେଉଁମାନେ ପଛରେ ରହିଗଲେ
ବାଲିଯାତ୍ରାର ଲୋକଗହଳିରେ
ରଂଗୀନ ରୁମାଲ ଉଡ଼ାଇବା ବେଳେ
ଯେଉଁମାନେ ହଜିଗଲେ
ଆଖିରେ ଆଖିଏ ଲୁହ ନେଇ
ସିନେମା ହଲରୁ ବାହାରିବାର
ଉଦାସ ମୁହୂର୍ତ୍ତମାନଙ୍କରେ

ଆଜି ଏଠାରେ ଆଗକୁ ଯିବାବେଳେ
ରିକ୍ସାରୁ ଉଡୁଥିବା ପଣତରେ
ବାନ୍ଧିହୋଇ ରହିଯାଏ
ପଛରେ ଛାଡ଼ି ଦେଇ ଆସିଥିବା
ରଙ୍ଗବେରଙ୍ଗ ଅନୁଭବ ସବୁ
ରାସ୍ତାକୁ ବନ୍ଦ କରିଦିଏ
ଲେଭେଲକ୍ରସିଂର ଫାଟକ
ଯାନବାହନର ଭିଡ଼ ଭିତରେ
ଗତିରୋଧ ହୋଇଯାଏ ଚେତନାର
ଆଖି ଅଟକିଯାଏ ରାସ୍ତାର
ବଦଳି ଯାଉଥିବା ଉପକୂଳରେ
ମନ ମାନିନିଏ ଚୁପଚାପ
ବୟସର ବାଧ୍ୟବାଧକତା

ସବୁ କିଛି ପରିଚିତ ଜଣାପଡ଼େ
ନଈବନ୍ଧକୁ ଟପି କେଉଁପରି
ଝରକା ଭିତରକୁ ସୂର୍ଯ୍ୟାଲୋକ ଆସେ
ପାଦ ଚିପି ଚିପି
ଭିଖାରୀ ରାସ୍ତା କରରେ ବସିଥାଏ
ଆକାଶରେ ମେଘର
ଛିଣ୍ଡାକନା ଆଡ଼କୁ ଅନାଇ
କଟିଯାଇଥିବା ଗୁଡ଼ି ଆସି ଓହ୍ଲାଏ
ଭଙ୍ଗା ଛାତ ଉପରେ
ମନ୍ଦିରର ପାଦୁକା ବହିଆସି
ମିଶିଯାଏ ନର୍ଦ୍ଦମାର ସ୍ରୋତରେ
ଉଠାଦୋକାନର ଭିଡ଼ ଭିତରେ
ନ୍ୟାୟ କିଣାବିକା ହୋଇଯାଏ
ବର୍ଷାରେ ଧୋଇଯାଏ

ଚଣ୍ଡୀ ମନ୍ଦିରର ପୂଜା ପାଠ
କଲେଜ ଛକ ଚା ଦୋକାନରେ
ଆଲୋଚନା ହଠାତ ବନ୍ଦ ହୁଏ
ଖବରକାଗଜବାଲାର ଡାକକୁ ଲିଭାଇ
ପ୍ରଳୟର ଆତଙ୍କ ଆସେ
କାଠଯୋଡ଼ିର କୂଳ ଉଛୁଳାଇ

ହସପିଟାଲ ରାସ୍ତା ଛାଡ଼ି
ବାହାରକୁ ଯିବାବେଳେ
ଛକ ଉପରେ ପାଦ ଅଟକିଯାଏ
ଏଠାରୁ ସବୁ ରାସ୍ତା ବିସ୍ମୃତି ଆଡ଼କୁ
ବାହାରକୁ ଯାଉଥିବା ଲୋକ
ଆଉ ପଛକୁ ଅନାଏ ନାହିଁ
ମହାନଦୀରୁ କିଛି ପାଣି ଉଠାଇ
ଆଂଜୁଳାରେ ନେଇ ପୂର୍ବପୁରୁଷଙ୍କୁ
ସମର୍ପଣ କରିଦିଏ

ଖରାଦିନ ଯାଇ କେତେବେଳେ ମିଶିଯାଏ
ଅଦିନ ବର୍ଷାର ଆର୍ଦ୍ର ଅନ୍ତରଙ୍ଗତାରେ
ବତୀଖୁଣ୍ଟର ବୟସ ବଢୁଥାଏ
ଭୁଲିଆସୁଥିବା ସ୍ମୃତି ସବୁ
ଏଇଭଳି ଲୁଚକାଳି ଖେଳୁଥାନ୍ତି
ଗଳିମାନଙ୍କର ଗୋଲକଧନ୍ଦାରେ
ଦୁଇ ନଈର ଆଶ୍ଳେଷ ଭିତରେ
ନିର୍ବିକାର ବସିରହିଥାଏ ସହର
ସଂସାର ଏକା ଭଳି ରହିଥାଏ
ଇତିହାସ ବଦଳି ବଦଳି ଯାଏ

ନର୍ତ୍ତକୀ

ରଂଗମଂଚର ଅନ୍ଧାରରେ
ଏକ ସ୍ୱତନ୍ତ୍ର ବିଶ୍ୱବ୍ରହ୍ମାଣ୍ଡ
ଏକ ଅଶାନ୍ତ ନକ୍ଷତ୍ର ଭଳି
ତାକୁ ଆସ ଆୟତ୍ତ କରିଦିଏ
ତା'ର ଅଲୌକିକ ଆବିର୍ଭାବ
ସୌରମଣ୍ଡଳ ସ୍ତବ୍ଧ ରହିଥାଏ
ଆଲୋକର ଆଗ୍ନେୟ ବଳୟ ମଝିରେ
ସେ ସ୍ଫୁରିତ ହୋଇଯାଏ
ମୁହଁ ଉପରେ ବାରମ୍ବାର ବିସ୍ଫୋରିତ
ଉଲ୍‌କାର ଉଲ୍ଲାସ ନେଇ

ପ୍ରତ୍ୟେକ ଭାବଭଙ୍ଗୀ ଓ କଟାକ୍ଷରେ
ଗୋଟିଏ ଗୋଟିଏ ସ୍ୱତନ୍ତ୍ର ମନ୍ତ୍ର
ଶରୀରର ସାଙ୍କେତିକ ତତ୍ତ୍ୱମାନଙ୍କରେ
ଦେଶଦେଶାନ୍ତର ପାଇଁ ବ୍ୟକ୍ତିଗତ ବାର୍ତ୍ତା
ଅଂଗୁଳି ନିର୍ଦ୍ଦେଶ କରେ
ଏକ ଅନାବିଷ୍କୃତ ଅନ୍ତରୀକ୍ଷକୁ
ପାଦଚିହ୍ନର ଜ୍ୟାମିତିରେ
ନିର୍ଦ୍ଧାରିତ ହୋଇଯାଏ
ଦିଗ୍‌ବିଦିଗର ଭାରସାମ୍ୟ
ଆଖିର ଜିଜ୍ଞାସା ନେଇଯାଏ
ଅନୁପଲବ୍ଧ ଦିଗନ୍ତର ଅପର ପାର୍ଶ୍ୱକୁ

କୌଣସି ପ୍ରତିବନ୍ଧ ନାହିଁ
ସଂଗୀତର ଊର୍ଦ୍ଧ୍ୱମୁଖୀ ଅନନ୍ତ ବ୍ୟାପ୍ତିରେ
ନୂଆ ନୂଆ ନଭମଣ୍ଡଳ ଖୋଲିଯାଏ
ଘୁଙ୍ଗୁରର ଅର୍ଥଗର୍ଭ ଧ୍ୱନିରେ
ପଦପାତ କ୍ରମବିବର୍ଦ୍ଧିତ ହୋଇ
ସୂଚିତ କରିଦିଏ
ଜୀବନର ବୃହତ୍ତର ନିମିତ୍ତମାନଙ୍କୁ

ମଂଚ ଉତ୍‌ପ୍ଲାବିତ ହୋଇଯାଏ
କାଳାତୀତ ଅନ୍ତରଙ୍ଗତାରେ
ପ୍ରେକ୍ଷାଳୟର ଆନନ୍ଦ ମିଶିଯାଏ
ଆକାଶର ଆହ୍ଲାଦ ସହିତ
ଚେତନାର ଦୀପ୍ତ ଓ ନିର୍ଦ୍ଧାରିତ ମୁହୂର୍ତ୍ତରେ
ସେ ଫେରିଯାଏ ନେପଥ୍ୟକୁ
ଅନ୍ତରୀକ୍ଷର ଆଶ୍ଚର୍ଯ୍ୟ ଭିତରେ
ସାମୟିକ ଶୂନ୍ୟସ୍ଥାନଟିଏ ଛାଡ଼ିଦେଇ

ମୃତ୍ୟୁବୋଧ

ମରିବା ଆଗରୁ କ'ଣ ସବୁ ମନେ ପଡ଼େ
ଘରଦ୍ୱାର ପ୍ରିୟପରିଜନ ସୁଖଦୁଃଖ
ପିଲାଦିନର ଆଶ୍ଚର୍ଯ୍ୟରେ ମିଶାମିଶି ସକାଳ
ଦୁଃସାହସର କ୍ରମସଂକୁଚିତ ଅଗ୍ନିବଳୟରେ
ଖେଳୁଥିବା ନିଶ୍ଚିନ୍ତ ମଧ୍ୟାହ୍ନ
ଭୟ ଓ ଦୁଃଖର କୁହୁଡ଼ି ଭିତରେ
ଶୋଇ ଯାଇଥିବା ଦୁଃଖମୟ ରାତି
ଅଥବା ନଈର ଅପର୍ଯ୍ୟାପ୍ତ ଧାରାରେ ପ୍ରବାହିତ
ଆରମ୍ଭ ଓ ଶେଷ ନ ଥିବ ବିବର୍ଣ୍ଣ ସମୟ

କ'ଣ ସବୁ ଭାବେ ମରିବାକୁ ଯାଉଥିବା ଲୋକ
ପୁରୁଣା ସ୍ମୃତିରେ ଉବୁଟୁବୁ
ଜହ୍ନକୁ ଛୁଇଁବାର ଅଦ୍ଭୁତ ଅନୁଭୂତି
ଝଡ଼ର ବେଗ ସହିତ ମିଶି ଯାଇଥିବା
ଭବିଷ୍ୟତର ବିମର୍ଷ ପରମାୟୁ
ପୃଥିବୀର ଅନାବିଷ୍କୃତ ମହାଦେଶ କଥା
ଇତିହାସର ଅପୂର୍ଣ୍ଣ ପ୍ରତିଶ୍ରୁତିମାନ
କଳ୍ପନାରେ ମଣ୍ଡିତ ନନ୍ଦନବନ
ବାରମ୍ବାର ଉଚ୍ଚାରିତ ଗୋପନୀୟତା ମନ୍ତ୍ର
କାହା ମୁହଁ ଦେଖାଯାଏ ମରିଯିବା ବେଳେ
ରୂପକଥାର ପ୍ରଥମ ରାକ୍ଷସ

ଦେବ ଦେବୀ କିନ୍ନରୀ ରାକ୍ଷସ
ଦେବ ଦେବୀ କିନ୍ନରୀ ଗନ୍ଧର୍ବ
ପୋଷାକ ମୁଖା ଛଦ୍ମବେଶର ଅନ୍ତରାଳରେ
ହସ କାନ୍ଦ କ୍ଷୋଭ ଗ୍ଲାନି ବିଶ୍ୱାସ ଘୃଣା ଅପ୍ରତ୍ୟୟ
ମେଘରେ କାନ୍ଥରେ ହ୍ରଦ ଉପରେ
ବଦଳି ଯାଉଥିବା ଚେହେରାମାନ
ଚିହ୍ନ ଅଚିହ୍ନା ଅଧାଚିହ୍ନା
ପରିଚୟ ଅପରିଚୟରେ ଦୋଦୁଲ୍ୟମାନ ମୁହଁ

ଅଥବ କିଛ ବି ନୁହେଁ
ଆକାଶ ଆକାଶ ନୁହେଁ ମେଘ ମେଘ ନୁହେଁ
ସକାଳ ଓ ସଂଜବେଳ ସବୁ ମିଛ
ସବୁ କେବଳ ଏକ ମୋହ ମାୟା ଶୂନ୍ୟ
ସ୍ମୃତିହୀନ ଓ ଭାବନାରହିତ ଅବସ୍ଥା
ଯାଦୃଶ୍ୟ ନାହିଁ ସମୟ ନାହିଁ
ସବୁ କିଛି ଦୃଶ୍ୟାତୀତ
ଏକା ଏକା ସବୁ କିଛି ନିଜ ଭିତରେ
କିଛି ଦେଖା ଯାଏ ନାହିଁ
କିଛି ମନେ ପଡ଼େ ନାହିଁ
କେବଳ ଅନ୍ଧ କରି ଦେଉଥିବା
ଏକ ଆଲୁଅ ବ୍ୟତୀତ
ଯାହା ତିଆରି ହୋଇଥାଏ
ଅନେକ ଅନ୍ଧାରର ଉପାଦାନମାନଙ୍କରେ

କାଳୀ

ଉପରକୁ ଉଠିଥିବା ପାଦ
ମହାକାଳ ଆଡ଼କୁ
ଆଖିର ଆଗ୍ନେୟ ଲକ୍ଷ୍ୟ ଥାଏ
ସର୍ବନାଶର ସୀମାନ୍ତରେ
ଉଦ୍ୟତ ହାତର କ୍ରୋଧିତ କଟାରୀରେ
କଟିଯାଏ ଭବିଷ୍ୟତର ଆଶ୍ରୟ ସବୁ
ବର୍ଚ୍ଛାର ନିମ୍ନମୁଖୀ ତୀବ୍ରତାରେ
ଛିନ୍ନ ଭିନ୍ନ ହୋଇଯାଏ
ଅକିଞ୍ଚନ ଭକ୍ତିର ଶେଷ ସମ୍ବଳ
ମୁଣ୍ଡମାଳରେ ଗୌରବର ବିଭୀଷିକା
ମନ୍ଦାରରେ ରକ୍ତାକ୍ତ ସଂତ୍ରାସ
ଖଡ଼୍‌ଗରେ ଜଡ଼ିଯାଏ ତ୍ରାଣହୀନ ଅଭିଶାପ
ନାଗଫେଣୀର ନିରୁଦ୍ଧାର କଣ୍ଟାରେ
ବିଦ୍ଧ ରହିଯାଏ ଶାନ୍ତି ଓ ସ୍ୱସ୍ତ୍ୟୟନ

ତାଙ୍କର ଆଗମନର ରାସ୍ତାରେ
ସବୁ ନଈ ନାଳ ଶୁଖିଗଲା
ଦିଗ୍‌ବିଦିଗରେ ମାଡ଼ିଗଲା ମଡ଼କ ଓ ମହାମାରୀ
ଗଳିତ ଆକାଶର ପରିତ୍ୟକ୍ତ କୋଣମାନଙ୍କରେ
ରଙ୍ଗ ସବୁ ନଷ୍ଟଭ୍ରଷ୍ଟ ହୋଇଗଲେ
ବନାଗ୍ନିରେ ପଶୁପକ୍ଷୀ ଜଳିଗଲେ

ହସକୁ ଆକ୍ରାନ୍ତ କରିନେଲା
ଦୟାମାୟାହୀନ ଦ୍ୱିପ୍ରହର
ଛାୟାମୂର୍ତ୍ତିଙ୍କ ଉଦ୍ଧାଳରେ
ଲୁଚିଗଲା ଛଟପଟ ସୂର୍ଯ୍ୟ
ଖଡ୍‌ଗ ଓ ଖର୍ପରର ରୋଷ
ନିଷ୍ପ୍ରଭ କରିଦେଲା ଆତଙ୍କର ଦିନମାନଙ୍କୁ
ଆବାହନର ନିର୍ମମ ମନ୍ତ୍ରରେ
ହଜିଗଲା ଅଭିଶପ୍ତମାନଙ୍କର ଅର୍ଚ୍ଚନା

ହାତ ଉଦ୍ୟତ ଏବଂ ପାଦ ଉପରକୁ
ଜିହ୍ୱାର ଜାନ୍ତବ ଆକ୍ରୋଶରେ ସର୍ବଭୁକ କ୍ଷୁଧା
ଖର୍ପରର ଶୂନ୍ୟଭେଦୀ କୋପଦୃଷ୍ଟି
ଜାଳିଦିଏ କରୁଣାର କଣିକାକୁ
ଆଶୀର୍ବାଦ ହଜିଯାଏ ଅଭିଶାପର ଆଙ୍ଗିକରେ
ଅମାବାସ୍ୟା ଅଧିକାର କରିନିଏ ଆହ୍ନିକକୁ
ଜହ୍ନ ଲିଭିଯାଏ ନିଜର ଅନ୍ଧାରରେ

ଏଥରକ କାଳରାତ୍ରିର ରାଜତ୍ୱ
ରକ୍ତରେ ଭାସୁଥାଏ ମନ୍ଦାର ଫୁଲ
ନାଗଫେଣୀରେ ଅଟକିଥାଏ ଆର୍ତ୍ତନାଦ
ଭକ୍ତମାନେ ଚାଲିଯାନ୍ତି ଆଜ୍ଞାବହ
ନିଜ ନିଜର ନିର୍ଦ୍ଧାରିତ ଯୂପକାଠ ଆଡ଼କୁ

ଇତିହାସ

ଏବେ ଆଉ କେହି ସାକ୍ଷୀ ନାହାନ୍ତି
କୃତିତ୍ୱମାନ ପ୍ରାସାଦ ଓ ଗୁମ୍ଫାରେ ବନ୍ଦ
ସଫଳତାର ସମସ୍ତ ପ୍ରମାଣ
ସ୍ତୁତିସ୍ତମ୍ଭ ଓ କାମାଶସ୍ତ୍ରାନୁସାରେ ଲିପିବଦ୍ଧ
ଅମରତ୍ୱ ଲାଭର ଇଚ୍ଛା ଅଶ୍ମୀଭୂତ
ପ୍ରଶସ୍ତି ଓ ଅନୁଶାସନର ଅଭିଲେଖାରେ

ଏଠାରେ କୌଣସି ସତର୍କବାଣୀ ନାହିଁ
ନାହିଁ କୌଣସି ନୀତିଶିକ୍ଷା
ଆକସ୍ମିକତା ଏଠାରେ ସର୍ବସମ୍ମତ
ତର୍କସଂଗତି ଓ ସ୍ପଷ୍ଟୀକରଣର ଅଭାବ ନାହିଁ
ସମସ୍ତଙ୍କ ପାଇଁ ଏଠାରେ ସ୍ଥାନ ଖାଲି
ଅଜ୍ଞାତ ଅଧ୍ୟାୟମାନଙ୍କର ଅତଳ ଗହ୍ୱରରେ

ସଭାପଣ୍ଡିତଙ୍କ ସଫଳ ହାତରେ
ପରିଚ୍ଛେଦମାନ ସଂଶୋଧିତ ହୋଇଯାନ୍ତି
ମହତ୍ମା ଓ ମହାରଥୀମାନେ
ଶୀର୍ଷକରୁ ଓହ୍ଲାଇ ଆସନ୍ତି
ପାଦଟୀକା ଓ ପରିଶିଷ୍ଟକୁ
ଘଟନାଚକ୍ରର ଅଦ୍ଭୁତ ଷଡ଼ଯନ୍ତ୍ର
ସମୟର ଅଳିଆ ଗଦାରୁ

ବିସ୍ମୃତ ଦୁରାତ୍ମାଙ୍କୁ ତୋଳି ନେଇ
ଫିଙ୍ଗିଦିଏ ସିଂହାସନ ଉପରକୁ

ସର୍ତ୍ତ ସନ୍ଧିପତ୍ର ସାଲିସର ଚିଠା
ଅନ୍ଧଗଳି ଚୋରାକବାଟ ମନ୍ତ୍ରଣାକକ୍ଷ
ତୀର କମାଣ ଓ ଉଦ୍‌ଜାନ ଭିତରେ
ରହିଥାନ୍ତି ଦେଶ କାଳ ପାତ୍ର
ଅଶ୍ୱମେଧ ମଧ୍ୟ ଆଣବିକ ଯଜ୍ଞରେ
ସତ୍ତାର ସୀମାରେଖା ଓ ନିର୍ଣ୍ଣୀତ ହୋଇଯାଏ ।
ଉତ୍ତେଜନାର ଘେରିଥିବା ଛାଇ ତଳେ
ସଭ୍ୟତାର ବୟସ ବଢୁଥାଏ

ପାହାରେ ଛିଡ଼ା ହୋଇଥିବା ଲୋକମାନେ
ବିତୃଷ୍ଣାର ସହିତ ଅନାଇ ରହନ୍ତି
ସାର୍ଥକ ଘଟଣାବଳୀ ଆଡ଼କୁ
ସମର୍ଥ ଲୋକଙ୍କ ହାତରେ
ନୂଆ ନୂଆ ଅଧ୍ୟାୟ ଲେଖା ହୁଏ
ସବୁ ପୁଣି ସମର୍ପିତ ହୋଇଯାଏ
ସମୟର ସର୍ବଭୁକ କୀଟମାନଙ୍କ ପାଖରେ

ପ୍ରତିକୃତିମାନେ ଛଳନା କରନ୍ତି ମୌଳିକତାର
ବିଦୂଷକମାନେ ଗମ୍ଭୀର ହୋଇ
ନିଜର ପରିହାସକୁ ଦାର୍ଶନିକତା ଦିଅନ୍ତି
ସବୁ ଚାଲିଯାଏ ଜୀର୍ଣ୍ଣ ପୁସ୍ତା ଭିତରକୁ
ଭବିଷ୍ୟତର ଗବେଷକ ବସି ରହନ୍ତି
ଅନିର୍ଣ୍ଣୀତ ବର୍ଣ୍ଣମାଳାକୁ ହାତରେ ଧରି
ଘଟିଯାଇଥିବା ଦୁଃଖାନ୍ତ ବୃତ୍ତାନ୍ତମାନ
ପୁନଃ ସଂଘଟିତ ହୁଅନ୍ତି ପ୍ରହସନ ହୋଇ

ଗାନ୍ଧୀ

ସତ୍ୟର ପରୀକ୍ଷା ନିରୀକ୍ଷାମାନ
ସ୍ଲୋଗାନ ପାଲଟି ଗଲା
ଜୀବନ ଦର୍ଶନ ଲାଖି ରହିଲା
ପ୍ରତିମାର ଅନ୍ଧ ଆଖିରେ
କୃତିତ୍ୱ ସଂଜ୍ଞାରେ ସୀମିତ ରହିଗଲା
ଆତ୍ମାକୁ ଅଧିକାର କରିନେଲା
ସୁବିଧାବାଦର ପଣ୍ୟ

ଧର୍ମର ସ୍ଥାପନା ପାଇଁ
ଯୁଦ୍ଧ ଘୋଷଣା କରାଗଲା
ଶାନ୍ତିରକ୍ଷା ପାଇଁ ଜାଳି ଦିଆଗଲା
ଦଳିତମାନଙ୍କର ବସ୍ତିକୁ
ସତ୍ୟର ପ୍ରମାଣ ଖୋଜା ହେଲା
କପଟଶାସ୍ତ୍ରର ଦ୍ୱାହି ଦେଇ
ଈଶ୍ୱରର ଲୋକମାନଙ୍କୁ
ବାସନ୍ଦ କରି ଦିଆହେଲା
ସବା ଶେଷ ଲୋକଟି ଘୁଞ୍ଚିଗଲା
ଆହୁରି ଅନେକ ପଛକୁ
ଆଉ କେହି ସତ୍ୟାନ୍ୱେଷୀ ନାହାନ୍ତି
କାହାରି ଚିନ୍ତା ନାହିଁ ମାଧ୍ୟମ ଲାଗି
ସମସ୍ତଙ୍କ ଆଖି ବର୍ତ୍ତମାନ
ଅଟକନ୍ତି ପରିଣାମ ଉପରେ

ହାନିଲାଭର ରୋକଠୋକ ଚୋରାବଜାରରେ
ଖର୍ଚ୍ଚ ହୋଇଗଲା ସଚ୍ଚରିତ୍ରତାର ଶେଷ ପୁଞ୍ଜି
ସାମ୍ରାଜ୍ୟବାଦୀମାନେ ବାହାରିଗଲେ
ନୂଆ ଉପନିବେଶ ସନ୍ଧାନରେ
ଯୁଦ୍ଧଖୋରମାନଙ୍କ ହାତରେ
ଶାନ୍ତିର ପୁରସ୍କାର ସମର୍ପିତ ହୋଇଗଲା

ପୁରୁଣା ଘଡ଼ି ଲଂଘିପାରେ ନାହିଁ
ଦାରିଦ୍ର୍ୟର ସୀମାରେଖାକୁ
ମୋଟା ଚଷମାର କାଚ ଭିତରୁ
ଆଉ ଦେଖାଯାଏ ନାହିଁ
ଚିତ୍ରିତ ସତ୍ୟର ଭୟାନକତା
ସଂକ୍ଷିପ୍ତ ବସ୍ତ୍ର ଲୁଚାଇ ପାରେ ନାହିଁ
ଅଖଣ୍ଡ କ୍ଷମତାର ଅଶ୍ଳୀଳତା
ଭରା ଦେଉଥିବା ଲାଠି ଦେଇ
ଅଟକାଇ ହୁଏ ନାହିଁ
ଚରମ ପନ୍ଥୀର ଉଗ୍ର ହିଂସ୍ରତାକୁ

ଘଣ୍ଟା ସବୁ ମୌନ ଓ ଅଚଳ
ପ୍ରାର୍ଥନାର ଧ୍ୱନିସବୁ ସ୍ତବ୍ଧ
ଇତିହାସ ଛୁଟି ନେଇଯାଏ
ଧର୍ମ ଫେରିଯାଏ ନିଜର ଲଜ୍ଜାକୁ
ପଥର ମୂର୍ତ୍ତି ପରିଭାଷାର ଶୃଙ୍ଖଳ
ଚଳଚ୍ଚିତ୍ର ଓ ଜୟନ୍ତୀ ସମାରୋହରୁ ବାହାରି
ସେ ପୁଣି ଚାଲିଯାଏ
ଚଞ୍ଚଳ ପାଦ ପକାଇ
ନୂଆ ନୂଆ ଆତତାୟୀମାନଙ୍କର
ଉଦ୍ୟତ ବନ୍ଧୁକ ଆଡ଼କୁ

ଗୀତଗୋବିନ୍ଦ

ଏ ଏପରି ଏକ କୁଞ୍ଜବନ
ଯାହାର ପରିକଳ୍ପନା
ସ୍ତମ୍ଭନ ଆକର୍ଷଣ ଓ ବଶୀକରଣରେ
ଆବେଶ ଯାହାର ଚାରି ସୀମା
ଏବଂ ଇନ୍ଦ୍ରିୟ ଯାହାର ଆଶୟ
ଏଠାରେ ପ୍ରବେଶ କଲେ ହିଁ
ଆକାଶ ଆଚ୍ଛନ୍ନ ହୋଇଯାଏ ଇଚ୍ଛାରେ
ଅନ୍ଧାର ଗାଢ଼ତର ହୋଇଯାଏ
ଦୁର୍ବିସହ ମନୋରଥ ଭଳି
ଜୀବନକାଳ ସମର୍ପିତ ହୋଇଯାଏ
କାହାର ଉଦାର ପାଦପଲ୍ଲବରେ

ଏଠାରେ ସବୁ କିଛି ଦେହମୟ
ରାତ୍ରିର ଉନ୍ନିଦ୍ର ପ୍ରହର କଟିଯାଏ
ଜଘନ ସ୍ତନ ଅଧର ଦେଇ
ପଲ୍ଲବ ଓ କିଶଳୟ ଶଯ୍ୟାରେ
ସକାଳ ଆସି ଓହ୍ଲାଏ
ଅସ୍ତବ୍ୟସ୍ତ ପକ୍ଷ୍ମ କବରୀ ଓ ଚୂର୍ଣ୍ଣ କୁନ୍ତଳରେ
ତା ପରେ ଅଭିମାନ ଓ କ୍ଷୋଭ
ପ୍ରଳାପ ସନ୍ତାପ ଗ୍ଲାନି ଓ ଦୀର୍ଘଶ୍ୱାସ

ହତଭାଗୀ ସଖୀ ବାର୍ତ୍ତା ନେଇ ଯାଉଥାଏ
ମୁଗ୍‌ଧରୁ ସ୍ନିଗ୍‌ଧ ଚତୁରରୁ ସାନନ୍ଦ
ଖଣ୍ଡିତାରୁ କଳହାନ୍ତରିତା ପାଖକୁ
କନ୍ଦର୍ପର ଶର ଖୋଜିନିଏ
ମାଧବୀ ନବମାଳିକା ଓ ଅଶୋକ ଭିତରୁ
ବିରହରେ ସମ୍ମିଳିତ ଦୁଇଟି ଅଧୀର ଦେହକୁ

ଅନ୍ଧାର ପୁଣି ଆସେ ଅନ୍ତର୍ଦାହ ଭଳି
କସ୍ତୁରୀ କୁଙ୍କୁମ ଚନ୍ଦନ ଓ ଅଞ୍ଜନ ବୋଳି
ଉତ୍ତରୀୟ ଉଡ଼ାଇ ଓ ମେଖଳା ନଚାଇ
କୁଣ୍ଡଳ ଓ ନୂପୁରର ସ୍ତିମିତ ସ୍ୱରରେ
ନିରଂକୁଶ ମନ ଅଟକି ରହିଯାଏ
ଚଞ୍ଚଳ ଚକିତ ବିହ୍ୱଳ ଓ ବ୍ୟାକୁଳ
ଲବଙ୍ଗ ପଳାଶ ତମାଳ ଓ ବକୁଳରେ
ଦେହ ଅଧିକାର କରିନିଏ ସମସ୍ତ ସମ୍ଭ୍ରମ
ଜୀବନ ଜଡ଼ି ରହିଯାଏ
ରୋମାଞ୍ଚ ବେପଥୁ ଶିହରଣ ଓ ମୂର୍ଚ୍ଛାରେ

ଶେଷରେ ସବୁ କିଛି ଅବସନ୍ନ
ଖିନ୍ନ ସ୍ୱେଦସିକ୍ତ ଓ ବିପର୍ଯ୍ୟସ୍ତ
ସୂର୍ଯ୍ୟ ସମନ୍ୱିତ କରିଦିଏ
ଇନ୍ଦ୍ରିୟ ଓ ମନ ଇହ ପର ଜନ୍ମ ଜନ୍ମାନ୍ତର
ସ୍ତନ ଉପରେ ପତ୍ରାବଳୀ ଆଙ୍କିଦିଏ ସକାଳ
ଦେହରେ ସଜାଇ ଦିଏ ବଳୟ କଙ୍କଣ ନୂପୁର
ଏଥର ଆଉ ଅଙ୍ଗ ନାହିଁ ଅନଙ୍ଗ ନାହିଁ
ପୂର୍ବରାଗ ନାହିଁ ପ୍ରେମ ନାହିଁ ବିରହ ନାହିଁ
କେବଳ ଏକ ଚିରନ୍ତନ ବଦଳୁଥିବା ଅନୁଭବ
ଏବଂ କବିତାର ରାଜତ୍ୱ

ଶବ୍ଦ ଓ ଛନ୍ଦର ସମାରୋହ
ରାଗ ଓ ତାଳର ଆଧିପତ୍ୟ

କୁଞ୍ଜବନର ସଙ୍ଗୀତମୟ ସାମ୍ରାଜ୍ୟରେ
ନିଜର ପ୍ରେରଣାର ଚକ୍ରବର୍ତ୍ତୀ ରହିଥାଏ କବି
ମନ ଯମୁନାରେ ବନ୍ୟା ଆଣିଦିଏ
କୋମଳ କାନ୍ତ ପଦାବଳୀ

ଭୟ

ଭୟ ହେଉଛି ପ୍ରାଗୈତିହାସିକ ଅନ୍ଧାର
ସହରର ଗଳିକନ୍ଦିରେ ଛପି ରହିଥାଏ
ବ୍ରିଫକେସ୍‌ରେ ପଚାଶ ହଜାର ଟଙ୍କା ଥିବା ବେଳେ

ଭୟ ହେଉଛି କିଙ୍ଗକଙ୍ଗର ଦାୟାଦ
ଶୈଶବର ରୂପକଥାରୁ ବାହାରିଆସି
ଛାତି ପିଟେ କଂକ୍ରିଟ ଜଙ୍ଗଲର ଛାତ ଉପରେ

ଭୟ ହେଉଛି ଟେଲିଫୋନର ଘଣ୍ଟି
ହୃତ୍‌ପିଣ୍ଡରେ ହାତୁଡ଼ି ପିଟି ଆସେ
ଅସମୟରେ ଊର୍ଦ୍ଧ୍ୱତନ ହାକିମଙ୍କ ସ୍ୱର ହୋଇ

ଭୟ ହେଉଛି ଅଧାରାତିର ଟେଲିଗ୍ରାମ
ବନ୍ଦ ଲଫାପା ଭିତରେ ଆସି ପହଞ୍ଚେ
ପ୍ରିୟଜନମାନେ ଦୂରରେ ରହିଥିବା ବେଳେ

ଭୟ ହେଉଛି ଶୂନଶାନ ଖରାବେଳେ
ଭାରୀ ବୁଟ୍ ଜୋତାର ଶୃଙ୍ଖଳାବଦ୍ଧ ଶବ୍ଦ
କର୍ଫ୍ୟୁ ସମୟରେ ନପୁଂସକମାନଙ୍କ ଗଳିରେ

ଭୟ ଏମରଜେନ୍‌ସି ବେଳର ଚୁପଚୁପ କଥା
ଖାକି ପୋଷାକରେ ବେୟୋନେଟ ଧରି ମାଡ଼ିଯାଏ
ଛତ୍ରଭଙ୍ଗ ଦେଉଥିବା ଶୋଭାଯାତ୍ରା ଆଡ଼କୁ
ପ୍ରତିବାଦର ସ୍ଲୋଗାନ ବନ୍ଦ ହୋଇଗଲେ

ଭୟ ହେଉଛି ମଟର ସାଇକେଲର ଗର୍ଜନ
ମୁଖା ପିନ୍ଧି ଆସେ ମନ୍ଦିର ଭିତରୁ ବାହାରି
ହିଟ୍ ଲିଷ୍ଟରେ ନାଁ ଚଢ଼ି ସାରିବା ପରେ

ଭୟ ନିଜର କଳଙ୍କିତ ଅତୀତର ସାକ୍ଷୀ
ଅତର୍କିତ ଫେରି ଆସେ ମନର କଳାପାଣିରୁ
ପୁରୁଣା ପାପର ପ୍ରାୟଶ୍ଚିତ ଖୋଜି

ଭୟ ହେଉଛି ମୃତ୍ୟୁର ହଠାତ ସମ୍ଭାବନା
ଦର୍ପଣ ଭିତରୁ ଆସେ ସମୟର ଶୂନ୍ୟ ହୋଇ
ଜରାର କୁଞ୍ଚିତ ରେଖା ମୁହଁ ଉପରେ ଟାଣି
ପ୍ରସାଧନର ଆସକ୍ତ ମୁହୂର୍ତ୍ତରେ

ଭୟ ହେଉଛି ସମ୍ବନ୍ଧର ସୂକ୍ଷ୍ମତା
ମନୋମାଳିନ୍ୟର ପ୍ରାତ୍ୟହିକତାରେ ଝୁଲୁଥାଏ
ଛିନ୍ନ ହୋଇଯିବାର ଚିରନ୍ତନ ଆଶଙ୍କା ନେଇ

ଆହ୍ନିକ

ଦିନ ଏଇଭଳି ଆସେ ଓ ଚାଲିଯାଏ
ସହରର ଗଳିମାନଙ୍କ ଭିତରେ
ଦିନ ପରେ ଦିନ ମାସ ପରେ ମାସ
ଗୋଟିଏ ଋତୁରୁ ଅନ୍ୟ ଋତୁ
ସାମୂହିକ ରିକ୍ତତାମାନ ଦେଇ

ଭୁଲ୍‌ରେ ଜଳୁଥିବା ବତୀକୁ ନିଷ୍ପ୍ରଭ କରି
ସକାଳର ସୂର୍ଯ୍ୟ ଉଏଁ
ଉଠା ଚୁଲିର କୋଇଲା ଧୂଆଁରେ
ଖବରକାଗଜର ରକ୍ତାକ୍ତ ହେଡ୍‌ଲାଇନ ପଛରୁ
ଚା କପ୍ ଉପରେ ଚମକ ଆଣିଦେଇ

ରାସ୍ତାର ପାଣିକଳ ପାଖରେ ଭିଡ଼ ଜମାଇ
ସକାଳ ଶୁଭେ ଦିନ ନ'ଟାର ସାଇରେନରେ
କଳକାରଖାନାରେ ମେସିନର ଆବାଜ ହୋଇ
ସକାଳ ଚଢ଼ିଯାଏ ଅଫିସ ବେଳର ଭିଡ଼ ବସ୍‌ରେ
ସକାଳ ଲମ୍ବିଯାଏ ରାଶନ ଦୋକାନ ଆଗରେ
ପୋଷ୍ଟର ଉପରେ ରଙ୍ଗ ବୋଳିଦେଇ

ଦିପହର ଆସି ଛାଇଙ୍କୁ ଅଟକାଏ

ଛକ ଉପରେ ଟ୍ରାଫିକ୍ ପୋଲିସ ହୋଇ
ଖରାର ହତାଶାକୁ ଲୁଚାଇ ଦିଏ
କଳା ଚଷମାର କୃତ୍ରିମତା ଭିତରେ

ଖରାବେଳ ଖସିଯାଏ
ରିକ୍ସାବାଲା ପିଠିର ଝାଳ ହୋଇ
ଖରାବେଳ ଉଡ଼ିଯାଏ
ରାସ୍ତା ଉପର ଶୁଖିଲା ପତ୍ରରେ
ଖରାବେଳ ତରଳିଯାଏ ରାସ୍ତାର ପିଚୁରେ
ଖରାବେଳ ଲେଉଟି ଯାଏ
ଶୁନଶାନ ଗଳିର ଶୂନ୍ୟତା ହୋଇ

ଅପରାହ୍ଣକୁ ଟିଫିନ ଡବାରେ ଧରି ଫେରେ
ଅଫିସ ଓ କାରଖାନା ଫେରନ୍ତା ଲୋକ
ସଞ୍ଜ ଓହ୍ଲାଏ ପାନ ଦୋକାନ ଆଗରେ
ସିନେମା ଘରେ ଝିଅଟି ଅପେକ୍ଷା କରୁଥାଏ
ଦିନରେ ଆଲୁଅ ଲିଭିଯାଏ
ବସ୍ତିର ମିଳିତ ଦୀର୍ଘଶ୍ୱାସରେ

ବତୀଖୁଣ୍ଟମାନେ ପୁନର୍ଜନ୍ମ ନିଅନ୍ତି
ଦିନ ଚାଲିଯାଏ ଖିନ୍ନ ଓ ବିରକ୍ତ
ଚୁପ୍‌ଚାପ୍ ଅନ୍ଧାର ଭିତରକୁ
ରାତିର ପ୍ରଥମ ଟ୍ରେନ୍ ଧରି

ଭଗ୍ନାବଶେଷ

ଭାଙ୍ଗି ପଡୁଥିବା ଦୁର୍ଗର କାନ୍ଥ ସହିତ
କି ପ୍ରକାର ଆଳାପ କରାଯାଇପାରେ
କେଉଁ ମୃତ ଭାଷାକୁ ଆଶ୍ରୟ କରି
କେଉଁ ତଟସ୍ଥ ଦ୍ୱିଭାଷୀର ସହାୟତାରେ
ପୋତି ଯାଇଥିବା ଗଡ଼ଖାଇକୁ
କି ସ୍ପଷ୍ଟୀକରଣ ମାଗିହେବ
କେଉଁ କୂଟନୀତିର କିଭଳି କପଟ ଆଚରଣରେ
ସମର୍ଥନ ଖୋଜିବ କେଉଁଠାରେ
ପରସ୍ପର ଧକ୍କା ଖାଉଥିବା ଶ୍ରେଣୀସଂଘର୍ଷର
କେଉଁଭଳି ପଥର ଓ ଶଙ୍ଖମର୍ମରରେ

କେତେ ଶହ ବର୍ଷ ତଳେ କିଏ ଥିଲା ଏଠାରେ
ନୂଆ ମୁଦ୍ରା ସମ୍ବତ ଓ ସିଦ୍ଧାନ୍ତ ଚଳାଇ
କିଏ ଆସିଥିଲା ହାତୀ ଘୋଡ଼ା ଓ ଟ୍ୟାଙ୍କରେ ଚଢ଼ି
ଶିକୁଳିବନ୍ଧା କ୍ରୀତଦାସମାନଙ୍କର ପଲଟଣ ଧରି
କିଏ ନିଜର କ୍ଷମତାକୁ ସାବ୍ୟସ୍ତ କରିଦେଲା
ଫାଶିଖୁଣ୍ଟର ନିର୍ମମ ନିପୁଣତାରେ

କିଏ ଚାଲିଗଲା ଚୋରାକବାଟ ଦେଇ
ସ୍ତ୍ରୀଲୋକର ଛଦ୍ମବେଶ ପିନ୍ଧି
ଅଧାରାତିର ଆତତାୟୀକୁ ଏଡ଼ାଇ

ଝଡ଼ିପଡୁଥିବା ଇଟାରେ କୌଣସି ପରାକ୍ରମ ନାହିଁ
ପଥରରୁ ଅଙ୍କୁରିଥିବା ଉଦ୍ଭିଦ ସବୁ ସମ୍ଭାବନାରହିତ
ଆଉ କୌଣସି ପ୍ରୟୋଜନରେ ଆସିବ ନାହିଁ
ଭଙ୍ଗା ଛାତ ଉପରେ ଖଞ୍ଜା କଳଙ୍କିଲଗା କମାଣ
ଲିଭି ଆସୁଥିବା ଅକ୍ଷରରେ ଲେଖା ତମ୍ବାପଟାର ପ୍ରଶସ୍ତି
କବାଟ ନ ଥିବା ବନ୍ଦୀଶାଳାର ଛିନ୍ନ ଶୃଙ୍ଖଳ
ସ୍ୱେଚ୍ଛାଚାରକୁ ସିଦ୍ଧ କରୁଥିବା ଶିଉଳିଲଗା ଶିଳାଲିପି

ଚିଲି ଉଡ଼ି ଚାଲିଯିବ
ରାଣୀହଂସପୁରର ଅତୃପ୍ତ ନିଶ୍ୱାସକୁ ନେଇ
ଘୋଡ଼ାଟାପୁ ହଜିଯିବ ଶୃଗାଳର ଶୀର୍ଣ୍ଣ ସ୍ୱରରେ
ରାଜପ୍ରାସାଦର କାନ୍ଥ ନଇଁଯିବ
ସମୟର ଶୋଭାଯାତ୍ରାକୁ ସ୍ୱାଗତ ଜଣାଇ
ଗଡ଼ ପରିଖାର ପଥର ଫାଟିଯିବ
ଦରବାରୀ ଅନ୍ୟାୟର ପ୍ରତିବାଦ କରି

ଆଉ କେହି ଲିପିବଦ୍ଧ କରିବ ନାହିଁ
ମାଟିରେ ପୋତି ହୋଇଯାଇଥିବା ସ୍ୱର୍ଣ୍ଣଯୁଗ
ଅରମା ବୁଦାରେ ଲୁଚିଥିବା ବିଶ୍ୱାସଘାତ
ଘାସରେ ଆଚ୍ଛାଦିତ ବିଜୟ ସମାରୋହ
ପଥର ଫାଟରେ ଅଟକିଥିବା ଯୁଦ୍ଧ ଘୋଷଣା
ବୁଢ଼ିଆଣୀ ଜାଲରୁ ଝୁଲୁଥିବା ବଂଶାବଳୀ
ଖଣ୍ଡ ଖଣ୍ଡ ବୃତ୍ତାନ୍ତ ଉପରେ ପାଦ ଦେଇ
ପିକ୍‌ନିକ୍ କରିବାକୁ ଆସିଥିବା ଲୋକ ଅନାଇବ
ଭଙ୍ଗା କବାଟ ଦେଇ ଦୁର୍ଗ ଭିତରକୁ
ଅତୀତରୁ କିଛି ଉପଦେଶ ସନ୍ଧାନ କରି
ଉଦାସୀନ ଓ ବିରକ୍ତ ଖରାବେଳ
ବାରମ୍ବାର ପ୍ରତିଧ୍ୱନି ତୋଳୁଥିବ
କିମ୍ବଦନ୍ତୀର ତଥାପି ନିଦ ଭାଙ୍ଗିବ ନାହିଁ

ପରବର୍ତ୍ତୀ କବିତା

ମୋର ପରବର୍ତ୍ତୀ କବିତା ଆସିବ
କ୍ଷମାଶୀଳ ସହାନୁଭୂତି ଭିତରୁ
ଦୁଇଟି ପ୍ରେମ ଓ ତିନୋଟି ବିଚ୍ଛେଦ ପରେ
ଦୀର୍ଘଶ୍ୱାସର ଅନୁତପ୍ତ ଆକାଶରୁ ଓହ୍ଲାଇବ
ପୂର୍ବରାଗର ସ୍ୱସ୍ତ୍ୟୟନ ହୋଇ

ମଉଳି ଯାଇଥିବା ସମ୍ପର୍କର ପଶ୍ଚାତ୍ତାପରେ
ସେ ଆସିବ ଆତ୍ମୀୟତାର ହାତ ବଢ଼ାଇ
ବଦଳି ଯାଇଥିବା ପାରସ୍ପରିକତାକୁ ସଜାଡ଼ି
ସଂଶୟ ଓ ଅବିଶ୍ୱାସର ମଶାଣି ଉପରେ
ବୁଝାମଣାର ସମ୍ବେଦନଶୀଳ ଫୁଲ ଫୁଟାଇ

ବନ୍ଧ୍ୟା ଆକାଶର ବିରକ୍ତ ଅପରାହ୍ଣରେ
ସେ ଆସିବ ସବୁଜ ସ୍ମୃତିର ସ୍ମାରକ ହୋଇ
ମନର ନିଭୃତତମ ଏକାନ୍ତରେ
ଗଭୀର ଅଚେତନମାନଙ୍କୁ ସାକାର କରି
ଭୁଲି ଯାଇଥିବା ସଂଗୀତର ପ୍ରତିଧ୍ୱନି ତୋଳି
ସେ ଆସିବ ହତଭାଗ୍ୟ ଅଦୃଷ୍ଟକୁ ପଛରେ ରଖି
ମାଙ୍ଗଳିକର ପ୍ରଖର ପ୍ରତ୍ୟାଶା ହୋଇ
ଆଖି ଭିତରେ ଭବିଷ୍ୟତକୁ ବଶୀଭୂତ କରି
ହାତରେ ପ୍ରତ୍ୟୟର ନୂଆ ନୂଆ ଭାଗ୍ୟରେଖା ଲେଖି

ସେ ଆସିବ ଅକାଳର ଅଶାନ୍ତ ସ୍ଥିତିରେ
ହାହାକାରର ବିଷଣ୍ଣ ଅପନ୍ତରାକୁ ପାରି ହୋଇ
ଅନ୍ନଛତ୍ରମାନଙ୍କରେ ମୁଠା ମୁଠା ହସ ବାଣ୍ଟିଦେଇ
ମୃଗତୃଷ୍ଣାକୁ ବର୍ଷା ଜଳରେ ଆପ୍ଳାବିତ କରି

ସେ ଆସିବ ସକାଳର ଶାସ୍ତ୍ରୀୟ ଶୁଚିରେ
ମୁହଁରେ ଶାନ୍ତିର ସ୍ତୋତ୍ର ଉଚ୍ଚାରଣ କରି
ମନ୍ଦିରର ଅନ୍ଧକାରକୁ ସଂସ୍କାରରେ ଚମକାଇ
ମୃତ୍ୟୁଦୂତମାନଙ୍କ ହାତରୁ ମାରଣାସ୍ତ୍ର ଛଡ଼ାଇନେଇ

ସେ ଆସିବ କପୋତର କୋମଳ ଡେଣାରେ
ଯୁଦ୍ଧର ଆକାଶରେ ବୋମାବର୍ଷୀ ବିମାନକୁ ଲଘି
ଯୁଦ୍ଧବିରତିର ରାଜିନାମା ନେଇ
ନିରସ୍ତ୍ରୀକରଣ ଚୁକ୍ତିର ସଫଳ ସ୍ୱାକ୍ଷରରେ
ହିଂସାର ବାରୁଦ ସ୍ତୂପ ଉପରେ
ଶାନ୍ତିର ଶୀତଳ ସ୍ଫୁଲିଙ୍ଗ ହୋଇ

ସେ ଆସିବ ଜେଲ୍ ପାଚେରୀର ଅବରୋଧକୁ ଭାଙ୍ଗି
ସ୍ୱେଚ୍ଛାଚାରୀ ଶାସନର ନିଷେଧାଜ୍ଞା ନ ମାନି
ହାତରେ ପ୍ରତିବାଦର ପତାକା ଧରି
ସେ ଚାଲିଯିବ କର୍ଫ୍ୟୁର ରାଜପଥ ଉପରେ
ଶୋଭାଯାତ୍ରା ଆଗରେ ସ୍ଲୋଗାନ ଦେଇ
ବ୍ୟାଗ ଭିତରୁ ଅଗ୍ନିଗର୍ଭ ଇସ୍ତାହାର ବାଣ୍ଟି

ଶାନ୍ତିର ପଦଯାତ୍ରାରେ ପାଦ ମିଳାଇ
ସେ ଆସିବ ଅସହିଷ୍ଣୁତାର ନୂଆଖାଲିରେ
ସାମ୍ପ୍ରଦାୟିକ ଦଙ୍ଗା ମଝିରେ ରାମଧୁନ ଗାଇ
ସନ୍ତ୍ରାସବାଦୀର ବନ୍ଧୁକ ଆଡ଼କୁ ଛାତି ଦେଖାଇ

ମୋର ପରବର୍ତ୍ତୀ କବିତା ଆସିବ
ହାତରେ ଶାଣିତ ଶବ୍ଦମାଳାକୁ ସାଉଁଟି
ନିର୍ବିରୋଧ ନିଃଶଙ୍କ ସହଜ ଓ ସ୍ୱତଃସ୍ଫୂର୍ତ୍ତ
ମାତ୍ରା ଓ ଛନ୍ଦର ବନ୍ଧନକୁ ଏଡ଼ାଇ
ସାଦା କାଗଜର ସ୍ୱାୟତ୍ତ ସାମ୍ରାଜ୍ୟରେ
ବଞ୍ଚିବାର ଅଧିକାମାନଙ୍କୁ ସ୍ୱତଃସିଦ୍ଧ କରି

ଧର୍ମଯୁଦ୍ଧ

ମନ୍ଦିର ଠିଆ ରହିଥାଏ
ସ୍ୱର୍ଗ ଆଡ଼କୁ ମୁହଁ କରି
ପୂଜାପୀଠର ନିରାପଦ ଅନ୍ଧାରରେ
ଧର୍ମଯାଜକମାନେ ଷଡ଼ଯନ୍ତ୍ରରେ ବ୍ୟସ୍ତ
ମନ୍ତ୍ରପାଠରେ ଭାସିଆସେ ବିଦ୍ୱେଷର ବାର୍ତ୍ତା
ରଣସଜ୍ଜାର ପ୍ରସ୍ତୁତି ଚାଲିଥାଏ ଗର୍ଭଗୃହ ଭିତରେ
ଧ୍ୱଜାରୁ ଖସିପଡ଼େ କ୍ରୋଧ ଓ ଆକ୍ରୋଶ
ଧୂପ ଉଡ଼ାଇ ନିଏ ସଂଯମ ଓ ସହିଷ୍ଣୁତା
ଘଣ୍ଟ ସୂଚାଇଦିଏ ଯୁଦ୍ଧାରମ୍ଭର ସମୟ

ପବିତ୍ର ମଣ୍ଡପ ଉପରେ ବସି
ସମ୍ପ୍ରଦାୟର ଶୀର୍ଷ ପୁରୋହିତମାନେ
ବ୍ୟୂହର କୁଟିଳ ବ୍ୟଞ୍ଜନା କରୁଥାନ୍ତି
ମୁହଁରେ ମନ୍ତ୍ରର ରଣସଙ୍ଗୀତ ନେଇ
ଧର୍ମ ସଂସ୍ଥାପନା ପାଇଁ ବାହାରି ଆସନ୍ତି
ଯୁଯୁତ୍ସୁ ବ୍ରତଚାରୀମାନେ
ଶାନ୍ତିବାଦୀକୁ ବିଧର୍ମୀ ଘୋଷିତ କରିଦିଏ
ଧର୍ମର ବଡ଼ପଣ୍ଡା

ଓଠରେ ସ୍ତୋତ୍ର ଓ ଯୁଦ୍ଧଘୋଷ
ହାତରେ ତ୍ରିଶୁଳ ଓ ବନ୍ଧୁକ
ତୁଳସୀ ଓ ବୁଲେଟର ମାଳା ପିନ୍ଧି
ଅନ୍ୟ ଧର୍ମୀମାନଙ୍କୁ ଖୋଜି ବାହାରନ୍ତି
ଧାର୍ମିକତାର ଅନ୍ଧ ଯୋଦ୍ଧାମାନେ
ବସ୍ତିମାନଙ୍କରେ ନିଆଁ ଜଳାଇ
ଶିଶୁମାନଙ୍କ ଛାତିକି ଛୁରୀରେ ଚିରି
ସ୍ତ୍ରୀମାନଙ୍କ ଉପରେ ବଳାତ୍କାର କରି
ପ୍ରବଚନମାନଙ୍କୁ ସାବ୍ୟସ୍ତ କରିବା ପାଇଁ

ଧର୍ମଯାଜକର ଆଖିରେ ଘୃଣା
ଛାତିରେ ହିଂସା ଓଠରେ ସ୍ପର୍ଦ୍ଧା
ଅଙ୍ଗୁଳି ନିର୍ଦ୍ଦେଶ କରେ ଅରାଜକତାକୁ
ଅନୁଚରମାନେ ଚାଲିଯାନ୍ତି ବିଦ୍ୱେଷର ଭଜନ ଗାଇ
ଧ୍ୱଂସର ଗଡ୍‌ଡ଼ାଳିକା ପ୍ରବାହ ଆଡ଼କୁ

ରାତିର ଅଶୁଭ ଲଗ୍ନମାନଙ୍କରେ
ଲାଭ କ୍ଷତିର ହିସାବ କରନ୍ତି ବସି
ଧର୍ମର ଭଡ଼ାଟିଆ ଦଲାଲମାନେ
ନିଜନିଜର ଅନ୍ଧବିଶ୍ୱାସକୁ ଧରି
ଅଫିମ ନିଶାରେ ନିଶ୍ଚିନ୍ତ ଶୋଇଥାନ୍ତି
ବିଶ୍ୱସ୍ତ ଯଜମାନ ଓ ଭକ୍ତ
ଆଖିରେ ଧାର୍ମିକତାର କଳାକନା ବାନ୍ଧି
ଧ୍ୱଂସର ବୀଜ ବୁଣି ଚାଲିଯାନ୍ତି
ନିଜକୁ ଧର୍ମର ସଂସ୍ଥାପକ ବୋଲାଉଥିବା
ମଟରସାଇକେଲର ମୃତ୍ୟୁଦୂତମାନେ

ନିଦ ନାହିଁ

ତାରାମାନେ ଚେତନାହତ ହୋଇଗଲେ ଆକାଶରେ
ମେଘର ସ୍ତୂପ ଉପରେ ଅନ୍ୟମନସ୍କ ବସିରହିଛି ଜହ୍ନ
ନଭୋମଣ୍ଡଳରେ ସମୟର ବ୍ୟାପକ ସ୍ତବ୍ଧତା
ସ୍ମୃତିର ଆଚ୍ଛାଦିତ ପଥକୁ ଆଲୋକିତ କରିଦେଇ
ଦୃଷ୍ଟି ବହିର୍ଭୂତ ହୋଇଗଲା ଅଧା ରାତିର ଉଲ୍‌କା
ଏବଂ ଆଖିରେ ନିଦ ନାହିଁ

ସଂଗୀତ ସବୁ ବୁଣିହୋଇଗଲେ ରାସ୍ତାକଡ଼ରେ
ପକ୍ଷୀମାନେ ଚାଲିଗଲେ ନିଜର ନିସ୍ତବ୍ଧତା ଭିତରକୁ
ଭିଖାରୀ ଗୋଟାଇ ନେଲା ତା'ର ଛଣ୍ଡାକନାର ପୃଥିବୀ
ପିଲାମାନେ ଉଡ଼ିଗଲେ ନାନାବାୟାର କୁହୁକ ଭିତରକୁ
ମନ୍ଦିରରେ ଘଣ୍ଟା ସବୁ ଜଡ଼ ଓ ନିଶ୍ଚଳ
ସବୁ ଧସି ପୋଡ଼ିଗଲା ଅନ୍ଧାରର ଝିଙ୍କାରୀ ସ୍ୱରରେ
ନିଦ ନାହିଁ ନିଦ ନାହିଁ ନିଦ ନାହିଁ

ଉପରୁ ଟୁପ୍‌ଟାପ୍ ପଡୁଛି କେତେ ଦିନର ମୁହଁ
ଉଛୁଳି ଯାଉଛି ପିଲାଦିନର ସ୍ନେହସିକ୍ତ ନଈକୂଳ

ଭୁଲି ଯାଇଥିବା ଗୀତର ପଂକ୍ତି ଫେରିଆସେ
ନୂଆ ସ୍ୱରଲିପିରେ ନିଜକୁ ମଣ୍ଡିତ କରି
ନିଷିଦ୍ଧ ଫାଟକ ମେଲିଯାଏ
ନିଗୂଢ଼ ଅନ୍ଧାରର ଅନ୍ତଃପୁରକୁ

ଖୋଲିଯାଏ ରୂପକଥାର ସମୁଦ୍ର ଓ ସିନ୍ଦୁକ
ନିଦ ନାହିଁ ନିଦ ନାହିଁ

ନ କହିଥିବା କଥାସବୁ ମୁଖା ପିନ୍ଧି ଆସନ୍ତି
ଉଭା ହୁଏ ଅତୀତର ଅତିକାୟ ରାକ୍ଷସ
ସହରର ଅନ୍ଧଗଳିରେ ଅଦୃଶ୍ୟ ହାତର ଆତଙ୍କ
ଛାତିରେ ଛନକା ଦେଇଯାଏ ବନ୍ଦ ଘରର ଅଜ୍ଞାତ
ଶୋଭାଯାତ୍ରା କରିଯାନ୍ତି ଅସମାହିତ ପ୍ରହେଳିକାମାନ
ଭୁଲଭ୍ରାନ୍ତି ପଶ୍ଚାତ୍ତାପ ଘେରିଯାନ୍ତି ଅବଚେତନାକୁ
ଶୀତଳ ହୁଏ ରକ୍ତ ଶିଥିଳ ହୁଏ ହୃଦୟର ସ୍ପନ୍ଦନ
ନିଦ ନାହିଁ ନିଦ ନାହିଁ ନିଦ ନାହିଁ

ମନ୍ତ୍ର ଓ ସହସ୍ରନାମ ବୃଥା ଔଷଧ ନିଷ୍ଫଳ
ଋଗବେଦର ସ୍ତୋତ୍ର
ଗଡ୍ଡ଼ଳିକା ପ୍ରବାହର ପରିସଂଖ୍ୟାନ
ଏ ପାଖ ସେ ପାଖ ଛଟପଟ ଅତୀତ ଓ ଭବିଷ୍ୟତ
ରାତିର ଆତ୍ମାକୁ ଆପ୍ୟାୟନ
ଏବଂ ଅସନ୍ତୁଷ୍ଟ ଭାଗ୍ୟକୁ ଧିକ୍କାର
ଛାତି ଭିତରେ ସବୁ ଆସି ଜମାଟ ବାନ୍ଧେ
କିନ୍ତୁ ଆଖିରେ ନିଦ ନାହିଁ

ରହସ୍ୟ ଓ ବୟସର ରାତି ବଢୁଥାଏ
ନିଶ୍ୱାସ ଅସ୍ଥିର ଦେହମନ କ୍ଲାନ୍ତ ଓ ଉଦାସ
ସ୍ମୃତିର କୋଠରୀମାନ ଲୋକାରଣ୍ୟ
ଅନଧିକାର ପଶିଆସନ୍ତି ଅପ୍ରିୟ ଘଟଣାମାନ
ଖୋଜୁଥିବା ମୁହଁ ଓ ଅନୁଭବ ଅଦୃଶ୍ୟ
କାହାର ଅନୁପସ୍ଥିତି ସ୍ୱପ୍ନକୁ ନେଇଯାଏ ଆଖିରୁ
ଉଚ୍ଚାଟ ଅପେକ୍ଷାର ମୁହୂର୍ତ୍ତମାନଙ୍କରେ
ନିଦ ନାହିଁ ନିଦ ନାହିଁ

ମହାନଦୀ

ନୀଳଲୋହିତର ତୃଷାର୍ତ୍ତ ଉପତ୍ୟକାରୁ
ସେ ଆସେ ସ୍ୱତଃସ୍ଫୁର୍ତ୍ତ ଆଶୀର୍ବାଦ ଭଳି
ଉପାଖ୍ୟାନ ଓ ପୁରାବୃତ୍ତି ତା'ର ସମ୍ବଳ
ସେ ଜନ୍ମ ନିଏ ଲୋକଶ୍ରୁତିରୁ
ଐତିହ୍ୟର ଅନ୍ଧାର ଭିତରୁ ବାହାରି ଚାଲିଯାଏ
ଗୋଟିଏ ବିସ୍ମୃତିରୁ ଅନ୍ୟ ଏକ କିମ୍ବଦନ୍ତୀକୁ
ଆର୍ଷବାଣୀକୁ ଅନୁସରଣ କରି

ନିଷ୍ପାପ ସ୍ୱାଭାବିକତା ଓ ଦୂରଦର୍ଶୀ ଅନୁଭବର
ଅଯାଚିତ ଦୁରତ୍ୱ ଭିତରେ ହଜିଯାଏ
ଓଁକାର ଓ ଉତ୍ତରାୟଣ
ପଛରେ ରହିଯାଏ ଅରଣ୍ୟ ଜନପଦ ଓ ପ୍ରାନ୍ତର
ଘଣ୍ଟଧ୍ୱନିର ସମ୍ମୋହିତ ମୁହୂର୍ତ୍ତରେ
ସେ ଓହ୍ଲାଇଯାଏ ଅପେକ୍ଷମାଣ ସମତଳତାକୁ
କେଉଁ ଶାପମୁକ୍ତିର ସନ୍ଧାନରେ
କେଉଁଆଡ଼େ ଯାଏ ସେ କେଉଁ ପରିସମାପ୍ତିକୁ
ଅଙ୍କା ବଙ୍କା ଆସକ୍ତି ନେଇ ହଜିଯାଏ
କେଉଁ ଆଖ୍ୟାନର କିଭଳି ସୂକ୍ତିରେ
ଦୁଃସ୍ୱପ୍ନକୁ ତରଳାଇ
ଋତୁମାନଙ୍କର ଉତ୍ତେଜନାରେ ଦୋଳି ଖେଳି
ଦୂରାନ୍ତରର ଏକାକୀ ଗୀତରେ ଭାସି

ଝିଂକାରୀର ସ୍ୱରକୁ ଝୁଣ୍ଟି
ଜନାରଣ୍ୟର କୋଳାହଳ ଦେଇ
ପଥର ଉପରେ ଉଚ୍ଛୁଳି
ସିକତାର ଶେଯରେ ଲୋଟି
ତାରା ଆଲୁଅର ସଙ୍କୁଚିତ ବୃତ୍ତ ଭିତରେ
ଲଘିଂଯାଏ ଘାଟ ଓ ପାହାଚ
ଦୁର୍ଗ ଓ ମନ୍ଦିରକୁ ପଛରେ ରଖି
ପର୍ବତକୁ ପ୍ରତିବନ୍ଧ କରିଦିଏ
ଚାରଣ ଭୂମିର ଶୀତଳ ଆଗ୍ରହରେ
ଜନବସତିର କଳୁଷତାକୁ ଧୋଇଦିଏ
ସ୍ୱସ୍ତ୍ୟୟନର ଶୁଦ୍ଧ ପୂତ ସହଜତାରେ

କେବେ ପୁଣି କେଉଁ ବିକ୍ଷିପ୍ତ କ୍ଷଣରେ
ତୋଳି ନିଏ ପ୍ରଳୟର ତରଳ ଆୟୁଧ
ସବୁ ନଷ୍ଟଭ୍ରଷ୍ଟ କରିଦିଏ ଦ୍ରବୀଭୂତ ଆକ୍ରୋଶରେ
ପୂର୍ବଜମାନଙ୍କର କରୁଣା ଓ କୃତିତ୍ୱ
ସହର ଓ ସବୁଜତା ଜୀବନ ଓ ଜୟଗାନ
ପୁଣି ସମନ୍ୱିତ କରିନିଏ ନିଜକୁ
ଚିହ୍ନି ନିଏ ପାପ ପୁଣ୍ୟ ପ୍ରାୟଶ୍ଚିତ୍ତ
ଦୁଃଖ ଦୈନ୍ୟ ଦୟା ଓ ଦାୟାଧିକାର
ମୃତ୍ୟୁକୁ ଫେରାଇଦିଏ ତା'ର ଅନ୍ଧ ଆଶ୍ରୟକୁ
ପୁଣି ସବୁ ସନ୍ତୁଳିତ ହୋଇଯାଏ
ଧରିତ୍ରୀର ସବୁଜ ଆଗ୍ରହରେ
ବିଷାଦ ଓ ମୃତ୍ୟୁ ମଝିରେ
ପ୍ରତିଶ୍ରୁତି ଓ ପରିଣାମ ମଝିରେ
ସମ୍ଭାବନା ଓ ସାଫଲ୍ୟ ମଝିରେ
ବହିଯାଏ ଭାସିଯାଏ ମିଶିଯାଏ ହଜିଯାଏ
ନିରବଚ୍ଛିନ୍ନ ରହିଥାଏ

ସ୍ରୋତ ଜଳରାଶି ବନ୍ୟା ଓ ପ୍ରଳୟରୁ ଊର୍ଦ୍ଧ୍ୱ
ସୀମିତ ଅନୁଭବକୁ ନେଇ
ଏକାକାର କରିଦିଏ ସାର୍ବଜନୀନ ଅଭିଜ୍ଞାନ ସହିତ
ନୈର୍ବ୍ୟକ୍ତିକ ଅବଚେତନାରୁ ଆସେ
ଏବଂ ଯାଇ ଲୀନ ହୋଇଯାଏ
ଜାତିର ସାର୍ବଭୌମ ଅନ୍ତଃକରଣରେ

ହିରୋଶିମା

ସେ ଏକ ଅଦ୍ଭୁତ ସକାଳ ଥିଲା
କିଛି ଆଉ ଏକା ଭଳି ରହିଲା ନାହିଁ
ସେ ଦିନଟି ଉଦ୍ଭୁତ ହେବା ପରେ

କେଉଁ ସମ୍ଭାବନାର ବିଭାବ ଆକାଶରେ
ବୁଦ୍ଧିର ପ୍ରଚଣ୍ଡ ବିସ୍ଫୋରଣ
ନା ସଂସ୍କୃତିର ଜ୍ୱଳନ୍ତ ସ୍ୱାକ୍ଷର
ବିଦ୍‌ବତ୍ତାର ଆଲୋକ ପ୍ରଜ୍ଞାର ଉତ୍ତାପ
ନା ଅଗ୍ରଗତିର ଉଜ୍ୱଳ ଇସ୍ତାହାର

ଅଥବା ଏକ ନାରକୀୟ ଅଦୃଷ୍ଟ
ଯାହା ଭୂଭାଗକୁ ଛିନ୍ନଭିନ୍ନ କରିଦିଏ
ଦୂଷିତ କରିଯାଏ ଆସନ୍ତାକାଲି ସବୁକୁ
ଲିଭାଇ ଦିଏ ଜନ୍ମପତ୍ରର ଶୁଭ ଚିହ୍ନ
ମଣିଷର ଭାଗ୍ୟ ଶିଶୁମାନଙ୍କର ହସ
ଏବଂ ସମୟର ସମସ୍ତ କୃତିତ୍ୱ

ଏକ ଯାନ୍ତ୍ରିକ ଈଶ୍ୱର ଆସି
ଉଚ୍ଛେଦ କରିଯାଏ ସିଦ୍ଧି ଓ ସାମର୍ଥ୍ୟ
ଧ୍ୱଂସସ୍ତୂପ ତଳେ ସମର୍ପି ଦିଏ
ସମୃଦ୍ଧି ଓ ସମ୍ପନ୍ନତା

ଶାପଗ୍ରସ୍ତ କରିଯାଏ ଭବିଷ୍ୟତର ଦାୟାଦମାନଙ୍କୁ
ବିହିତ କରିଦିଏ ଏକ ଆତ୍ମାହୀନ ପୃଥିବୀ
କ୍ଷମତା ଯେଉଁଠାରେ ସର୍ବଶକ୍ତିମାନ
ମଣିଷ ଯେଉଁଠାରେ କେବଳ
ପ୍ରୟୋଗଶାଳାର ପରିସଂଖ୍ୟା
ଏବଂ ଇତିହାସର ପାଦଟୀକା ମାତ୍ର

ଏଇ ଗୋଟିଏ ଦିନାନ୍ତରେ
ନିଶ୍ଚିହ୍ନ ଓ ନିଃଶେଷ ହୋଇଯାଏ
କେବଳ ଗୋଟିଏ ଜନପଦ ନୁହେଁ
ସମୟ ସହିତ ଗଢ଼ି ଉଠିଥିବା
ସମଗ୍ର ପୃଥିବୀ ଓ ମାନବତା

ଆଜିର ସଭ୍ୟତାର ବୟସ ମାତ୍ର ଚାଳିଶ ବର୍ଷ

କଳାହାଣ୍ଡି

ମାନଚିତ୍ରକୁ ଏଥର ଅଲଗା ରଖିଦିଅ
ସେଠାକୁ ଯିବା ପାଇଁ ଆଉ
ହେଲିକପ୍ଟରର ପ୍ରୟୋଜନ ନାହିଁ
ଯେଉଁଠାରେ ଅନାହାର ସେଠାରେ ହିଁ କଳାହାଣ୍ଡି

ଇନ୍ଦ୍ର ସେଠାରୁ ମୁହଁ ବୁଲାଇ ନେଲେ
ଗଛରେ ଆଉ କଞ୍ଚା ପତ୍ର ରହିଲା ନାହିଁ
ସାରା ଗାଁ ଏବେ ମଶାଣି
ଫଟା ଭୂଇଁ ଓ ଶୁଖିଲା ନଈ ବାଲି
ଯୋଜନା ସବୁ ବିଫଳ ହୋଇଗଲେ
ଦାରିଦ୍ର୍ୟର ସୀମାରେଖା ଘୁଞ୍ଚି ଘୁଞ୍ଚି ଗଲା

ଯେଉଁଠାରେ ଦେଖ କଳାହାଣ୍ଡି
ପଞ୍ଜରା ହାଡ଼ରେ କୋଟରଗତ ଆଖିରେ
ଦେହ ଲୁଚୁନଥିବା ଛିଣ୍ଡା କନାରେ
ବନ୍ଧା ପଡ଼ିଥିବା କଂସାବାସନରେ
କୁଡ଼ିଆ ଘରର ଉଲୁରା ଛାତରେ
ଦୁଇଟି ମାଟିହାଣ୍ଡିର ସର୍ବସ୍ୱରେ
ସବୁଠାରେ କଳାହାଣ୍ଡି
ଅନ୍ନଛତ୍ରର କଙ୍କାଳ ମେଳାରେ
ପିଲା ନିଲାମ ହେଉଥିବା ହାଟ ବଜାରରେ

ବେଶ୍ୟାଳୟରେ ବିକ୍ରି ହୋଇଥିବା
କିଶୋରୀର ଦୀର୍ଘଶ୍ୱାସରେ
ଗାଁ ମାଟି ଛାଡ଼ି ଚାଲିଯାଉଥିବା
ଲୋକମାନଙ୍କର ନୀରବ ଅସହାୟତାରେ

ଆହୁରି ପାଖରେ କଳାହାଣ୍ଡିକୁ ଦେଖ
ମିଛ ବିବୃତିର ଶୂନ୍ୟଗର୍ଭ ଘୋଷଣାରେ
ଅବିଶ୍ୱସ୍ତ ବକ୍ତୃତାର କୁମ୍ଭୀର କାନ୍ଦଣାରେ
କମ୍ପ୍ୟୁଟର କାଗଜର ଅତିରଞ୍ଜିତ ପରିସଂଖ୍ୟାନରେ
ସମ୍ମିଳନୀର ପ୍ରବଞ୍ଚନାରେ ଶସ୍ତା ସହାନୁଭୂତିରେ
ଯୋଜନାର ଅର୍ଥହୀନ ଅନ୍ଧ ପ୍ରତିଶ୍ରୁତିରେ

କଳାହାଣ୍ଡି ଆମର ଅତି ନିକଟରେ
ଆତ୍ମାର ସାମୟିକ ତାଡ଼ନାରେ
ବିବେକର ଅକସ୍ମାତ ଦଂଶନରେ
ଅନ୍ତଃକରଣର କ୍ୱଚିତ ଅନୁଶୋଚନାରେ
ସୁଖନିଦ୍ରାର ଦୁଃସ୍ୱପ୍ନରେ
ରୋଗରେ ଭୋକରେ ଅସହାୟତାରେ
ରକ୍ତପାତର ଆସନ୍ନ ସମ୍ଭାବନାରେ

ଆମେ କିପରି ଚାଲି ଯାଇପାରିବା
ଏକବିଂଶ ଶତାବ୍ଦୀର ସମୃଦ୍ଧ ନିରାପତ୍ତାକୁ
କଳାହାଣ୍ଡିକୁ ପଛରେ ଛାଡ଼ି ଦେଇ

ଗୋପବନ୍ଧୁ

ଛକ ଉପରେ ଏମିତି ଶୂନ୍ୟକୁ ଅନାଇ
କେତେ ସମୟ ଆଉ ଛିଡ଼ା ହୋଇ ରହିଥିବ
ଗୋପବନ୍ଧୁ
ଖରା ବର୍ଷା ଶୀତରେ
ବନ୍ୟାରେ ପ୍ରଳୟରେ ଦୁର୍ଭିକ୍ଷରେ ଦୁର୍ଦ୍ଦିନରେ
କେତେଦିନ ଆଉ ବନ୍ଦୀ ହୋଇ ରହିଥିବ
ଲୁହାବାଡ଼ ଭିତରେ
ଜୟନ୍ତୀରେ ଶ୍ରାଦ୍ଧବାର୍ଷିକୀରେ
ଦେହ ଉପରେ ଜମିଯାଉଥିବା ଧୂଳିରେ
ମଉଳିଯାଉଥିବା ଫୁଲମାଳରେ

ତମର ନୂଆ ବନ୍ଦୀଶାଳା ଭିତରୁ
ଗୋପବନ୍ଧୁ
ସ୍ୱଦେଶର ଚିନ୍ତା କର ଆଉଥରେ
ଯେତେ ନୂଆ ଗାଡ଼ ସବୁ
ତିଆରି ହେଲାଣି ସ୍ୱରାଜ୍ୟ ପଥରେ
କିଏ ତାକୁ ପୂରା କରିବ
ନିଜର ମାଂସ ହାଡ଼ ଦେଇ
ଆଜିର ଅନ୍ୟାୟ ଅତ୍ୟାଚାର ସବୁ
ଅତି ସତ୍ୟ ଅତି ସାଂଘାତିକ
କିଏ ତାକୁ ଦେଖିବ ଆଖିରେ ଲୁହ ନେଇ
କିଏ ପ୍ରତିବାଦ କରିବ ହାତମୁଠା ଉଠାଇ

ତମେ ସେଇଭଳି ଠିଆ ରହି ରହି
ଥକିଯିବ ଗୋପବନ୍ଧୁ
କେହି ତମ ପାଇଁ ଚଉକି ଆଣିଦେବେ ନାହିଁ
ସମସ୍ତେ ଏଠାରେ ନିଜ ଚଉକି ପାଇଁ ବ୍ୟସ୍ତ

ରାସ୍ତାରେ ଲୋକ ଚାଲି ଯାଉଛନ୍ତି ଦେଖ
ତମ ଆଡ଼କୁ ନ ଅନାଇ
ପକେଟରେ ରେଜା ପଇସାକୁ ସମ୍ଭାଳି
ଗିରି ଶିଖରକୁ କାହାରି ଲକ୍ଷ୍ୟ ନାହିଁ
ସମସ୍ତଙ୍କ ଆଖି ନିଜ ଉପରେ ନିବଦ୍ଧ

ସବୁ ନଷ୍ଟଭ୍ରଷ୍ଟ ହୋଇଗଲାଣି ଗୋପବନ୍ଧୁ
ତମର ତମାଳ ବକୁଳ ଛୁରୀଅନାର ଆଶ୍ରମ
ତମର ସଂଯମ ନିଷ୍ଠା ଶିକ୍ଷାଦୀକ୍ଷା ନୀତିନିୟମ
ଦେଶ ଭାସିଯାଉଛି ପ୍ରଳୟ ଆଡ଼କୁ
ସତ୍ୟ ବନ୍ଦୀ ହେଲାଣି
ଖବରକାଗଜର ହଳଦିଆ ପୃଷ୍ଠାରେ
ଆଦର୍ଶ ହଜିଗଲାଣି
ସ୍ତୂପୀକୃତ ଅପସଂସ୍କୃତି ତଳେ
ଜାତୀୟତା କବର ନେଲାଣି
ଜାତି ବର୍ଣ୍ଣ ଗୋଷ୍ଠୀର ସଂକୀର୍ଣ୍ଣ ସୀମାରେ
ଏକାକୀ ଠିଆ ରହି
କ'ଣ କରିବ ଆଉ ଗୋପବନ୍ଧୁ
ଏଥରକ ଛକ ଉପରୁ ଓହ୍ଲାଇ ଆସି
ପୁଣି ଥରେ ଭାଙ୍ଗିପଡ଼
ଏ ଦେଶ ମାଟିରେ ମିଶିଯାଉ ତମର ଦେହ
ତମ ପିଠି ଉପରେ ଚାଲିଯାନ୍ତୁ ଦେଶବାସୀ
ତମର ଆଦର୍ଶର ସ୍ୱରାଜ୍ୟ ଆଡ଼କୁ

ଦୁଇ ପକ୍ଷୀ

।୧।

ଆବର୍ଜନାର ସ୍ତୂପ ଉପରେ ଠିଆ ହୋଇ
ସୂର୍ଯ୍ୟକୁ ଆକାଶର ଗହ୍ୱରରୁ
ତୋଳିନେବାର ଛଳନା କରେ
ଏବଂ ସଗର୍ବ ସକାଳର ଘୋଷଣା ଜଣାଏ
କପଟ ଦମ୍ଭର କର୍କଶ କଣ୍ଠରେ

ତା ପରେ ସାରା ଦିନ
ଛାଇ ପଛେ ପଛେ ଧାଇଁ ବୁଲୁଥାଏ
ମୁଣ୍ଡରେ ଲାଲ ମୁକୁଟ
ଉପରକୁ ସ୍ପର୍ଦ୍ଧାର ମୁହଁ
ଏ ପାଖ ସେ ପାଖ ଦର୍ପର ସହିତ
ପଦଚାରଣା କରୁଥାଏ
ଯଦିଓ ତା ଆଡ଼କୁ କେହି ଅନାଏ ନାହିଁ

କେହି ଅନାଏ ନାହିଁ
କେହି ଶୁଣେ ନାହିଁ
ସୂର୍ଯ୍ୟ ନିଜର ପ୍ରଦକ୍ଷିଣା ଶେଷ କରେ
ଏଥରକ ସେ ସ୍ତୂପ ତଳେ ଶୋଇଯାଏ
ସନ୍ତୁଷ୍ଟ ଓ ପରିତୃପ୍ତ
ଅହଂକାରକୁ ଡେଣା ତଳେ ଲୁଚାଇ ରଖେ
ପୁଣି ସୂର୍ଯ୍ୟୋଦୟ ପର୍ଯ୍ୟନ୍ତ

।୨।

ସମସ୍ତଙ୍କୁ ନୀତିବାକ୍ୟ ଶୁଣାଉଥାଏ
ଜ୍ଞାନର ଆଲୋକ କଥା କହୁଥାଏ
କିନ୍ତୁ ନିଜେ ଆଲୁଅରେ ଧକ୍କା ଖାଇ
ପଳାଇଯାଏ ଅନ୍ଧାରର ଅଶୁଭ କୋଣକୁ

ଗହଳ ଗଛର ପତ୍ର ଆଢୁଆଳରେ
ଚୁପଚାପ ବସି ରହେ ସାରାଦିନ
ଆଖି ବୁଜି ଦାର୍ଶନିକତାର ଛଳନା କରେ
ନିଜର ଅନ୍ଧତ୍ୱକୁ ଲୁଚାଇବା ପାଇଁ

କୋଟର ଭିତର ଶୂନଶାନ
ଏ ପାଖ ସେ ପାଖେ କେହି ନାହିଁ
ତଥାପି ଧ୍ୟାନମଗ୍ନ ଭଙ୍ଗୀରେ
ଆଗକୁ ଅନାଏ ବିଚକ୍ଷଣ ଦୃଷ୍ଟି ସଜାଇ
ସମସ୍ତଙ୍କୁ ଆଶ୍ୱାସନା ଦିଏ
ମୁହଁକୁ ବିଜ୍ଞୋଚିତ ଭାବେ ହଲାଇ

ଗଛ ଉପରୁ ଶେଷ ଆଲୁଅ ଲିଭିଗଲେ
ବିବର ଭିତରୁ ବାହାରିଆସେ
ନଖରେ ଉଖାରିନିଏ ସବୁ ଅନ୍ଧବିଶ୍ୱାସ
ଡାଳକୁ ଡାଳ ଉଡ଼ି ଉଡ଼ି
ତାକୁ ପୃଥିବୀ ଉପରେ ବିଞ୍ଚିଦିଏ
ମେଞ୍ଚା ମେଞ୍ଚା ଅନ୍ଧାର ସହିତ

ହାତ ପାଖରେ

କବାଟ ଖୋଲିଲେ ପୃଥିବୀ
ସମୁଦ୍ର ପର୍ବତ ଅରଣ୍ୟ ସରୋବର
ଆଖି ଖୋଲିଲେ ଆକାଶ
ଚନ୍ଦ୍ର ସୂର୍ଯ୍ୟ ଗ୍ରହ ନକ୍ଷତ୍ର
ପାଦ ପକାଇଲେ ସ୍ୱର୍ଗ
ଅମୃତ ଅପ୍ସରା ଓ ନନ୍ଦନକାନନ

ହାତ ବଢ଼ାଇଲେ ସୌହାର୍ଦ୍ଦ୍ୟ
ଗୋଟିଏ କଟାକ୍ଷରେ ପୂର୍ବରାଗ
ଗୋଟିଏ ପତ୍ରରେ ପ୍ରେମ
ସାମାନ୍ୟ ସ୍ପର୍ଶରେ ସମର୍ପଣ
ଆଖି ବୁଜିଲେ ହିଁ ସ୍ୱପ୍ନ
ଗୋଟିଏ ମନ୍ତ୍ରରେ ମୋକ୍ଷ
ଏକ ନିଶ୍ୱାସରେ ନିର୍ବାଣ

ପାପୁଲିରେ ଭବିତବ୍ୟ
ଅଙ୍ଗୁଷ୍ଠରେ ନିର୍ଦ୍ଧାରିତ
ରଙ୍ଗଭୂମିର ଜୀବନ ଓ ମୃତ୍ୟୁ
ହାତ ଦେଖାଇଲେ ରାସ୍ତା ବନ୍ଦ

ଆଖି ମିଟିକାରେ ଇନ୍ଦ୍ରଜାଲ ଛିନ୍ନ
ପଶାପାଲି ହାତରୁ ଖସିଲେ ମହାଭାରତ
ବୋତାମ ଟିପିଲେ ବିଶ୍ୱଯୁଦ୍ଧ

କାଗଜରେ ଗୋଟିଏ ଛକିରେ
ଗଣତନ୍ତ୍ରରୁ ଏକତନ୍ତ୍ର
ଦେଶର ଭାଗ୍ୟ ନିୟନ୍ତ୍ରଣ କରେ
ଗୋଟିଏ ହାତର ପ୍ରତୀକ
ଗୋଟିଏ ସନ୍ତକରେ ଆତ୍ମସମର୍ପଣ
ଏକକ ଅଣୁରେ ସାରା ସହର ନିଶ୍ଚିହ୍ନ

ମୁଠା ଭିତରେ ଭାଗ୍ୟ ଓ ଭବିତବ୍ୟ
ଆଖି ସୀମାନ୍ତରେ ଆକାଶ
ମା' ହାତରେ ଶିଶୁର ହାତ
ବନ୍ଧୁକ ଉପରେ ଆତତାୟୀର ତର୍ଜନୀ
ସ୍ୱର୍ଗର ତଟସ୍ଥ ଜହ୍ନ
ଗୋଟିଏ ସମ୍ବୋଧନରେ ଆକାଶରୁ ଆସି
ଓହ୍ଲାଇବ କାହ୍ନୁର କୋମଳ ହାତରେ
ଅଥବା ଖସିପଡ଼ିବ ଖଣ୍ଡବିଖଣ୍ଡ ହୋଇ
ଆତଙ୍କବାଦୀର ଗୋଟିଏ ଗୁଳିରେ ।

ବାଲିଆପାଳ

କାହାର ଖେଳ କାହାର କାଳ
ବାଲିଆପାଳ ବାଲିଆପାଳ

ବାଲିଆପାଳ ତୀର୍ଥସ୍ଥଳ
କୁରୁକ୍ଷେତ୍ର ନୁହେଁ ଧର୍ମକ୍ଷେତ୍ର
ଏହା ଭିତରକୁ ପଶିବା ଆଗରୁ
ପାଦରୁ ଜୋତା ଖୋଲି ରଖ
ଅସ୍ତ୍ରଶସ୍ତ୍ର ଅଲଗା କରିଦିଅ ହାତରୁ
ମଥା ନୁଆଁଇ ଆସ
ଏଇ ପବିତ୍ର ପ୍ରାଙ୍ଗଣକୁ

ବାଲିଆପାଳ ସତ୍ୟର ପରୀକ୍ଷାଗାର
ଲୋକମତର ଘାଟି ନ୍ୟାୟର କଷଟି
ଅହିଂସାର ପ୍ରୟୋଗଶାଳା
ବାଲିଆପାଳ ଅନ୍ତିମ ସଂଘର୍ଷ
ଲୋକବଳ ଓ କ୍ଷମତାର
ବୈଧତା ଓ ନିରଙ୍କୁଶତାର
ବର୍ବରତା ଓ ମାନବିକତାର

ବାଲିଆପାଳ ଜାଣେ ନାହିଁ
ଆମେରିକା କେଉଁଠି ରୁଷିଆ କ'ଣ

ହିରୋଶିମା କେଉଁଠି ପୋଖରାନ କ'ଣ
ବାଲିଆପାଳ କେବଳ ଜାଣେ
ଭୋକ କ'ଣ ଦୁଇ ମୁଠା କେତେ
ଏଠାରେ ଚାଷୀ ଖାଲି ଚିହ୍ନେ
ମେଘକୁ ବର୍ଷାକୁ ମାଟିର ଗନ୍ଧକୁ
ଗଛକୁ ଫସଲକୁ ମରୁଡ଼ିକୁ ପଙ୍ଗପାଳକୁ

ବାଲିଆପାଳ ଭବିଷ୍ୟତ କାଳ
ଚାଷୀ ଏଠାରେ ସାର୍ବଭୌମ ଅଧୀଶ୍ୱର
ଏଠାରେ ଅସ୍ତ୍ର ନାହିଁ ଶସ୍ତ୍ର ନାହିଁ
ସେନାବାହିନୀ ନାହିଁ ଶୀତଳ ଯୁଦ୍ଧ ନାହିଁ
ଏଠାରେ କେବଳ ମାଟି ପାଣି ଓ ଗଛଲତା
ଶସ୍ୟରେ ସବୁଜ ଧରିତ୍ରୀ
ଏବଂ ଅଦମ୍ୟ ମଣିଷର ସତ୍ତା

ଏଠାରେ ତମେ ଧାନଗଛ ଉପାଡ଼ିଦେଇ
ବନ୍ଧୁକ ପୋତି ଦେଇ ପାର
ସାର ବଦଳରେ ବାରୁଦ ରକ୍ତ ବିଞ୍ଚି ଦିଅ
ପାଣି ବଦଳରେ ରକ୍ତ ସିଞ୍ଚି ଦିଅ
କିନ୍ତୁ ବାଲିଆପାଳର ମାଟିରୁ ଶେଷରେ
ଧାନ ହିଁ ଉପୁଯିବ କ୍ଷେପଣାସ୍ତ୍ର ନୁହେଁ

■■

www.ingramcontent.com/pod-product-compliance
Lightning Source LLC
Chambersburg PA
CBHW030236100526
44584CB00015BB/1545
9781645600213